EL ACTIONBOOK DE DESIGNPEDIA

Juan Gasca y Rafael Zaragozá

Prólogo de Ismael Pulido
Epílogo de David Calabaza

EL ACTIONBOOK DE DESIGNPEDIA

MADRID | CIUDAD DE MÉXICO | BUENOS AIRES | BOGOTÁ
LONDRES | SHANGHÁI

Colección Acción Empresarial de LID Editorial
www.LIDeditorial.com

A member of:

businesspublishersroundtable.com

© Juan Gasca Rubio y Rafael Zaragozá Álvaro, socios fundadores de ThinkersCo 2022, del texto.
© Thinkers Co. del contenido (Método, Itinerarios y Herramientas).
© Ismael Pulido 2022, del prólogo
© David Calabaza 2022, del epílogo
© Thinkers Co. de las ilustraciones
© Editorial Almuzara S.L. 2022 para LID Editorial, de esta edición.

EAN-ISBN13: 978-84-18648-69-4
Maquetación: www.thinkersco.com y produccioneditorial.com
Corrección: Gonzalo Vázquez
Diseño de portada: Thinkers Co.
Imágenes: Thinkers Co.
Impresión: Cofás, S.A.
Depósito legal: CO-977-2022
Impreso en España / *Printed in Spain*

Primera edición: junio de 2022

*Te escuchamos. Escríbenos con tus sugerencias, dudas, errores que veas
o lo que tú quieras. Te contestaremos, seguro: info@lidbusinessmedia.com*

«Las grandes ideas nacen de conversaciones poderosas».

Thinkers Co

PRÓLOGO

Cuando me acerqué por primera vez al mundo del *design thinking* y de la creatividad en la empresa tuve la sensación de que semejante arsenal de herramientas, con nombres a cuál más *cool*, sería una verdad revelada ante la cual la organización no tendría más remedio que plegarse inmediatamente, volcándose en su puesta en marcha y comenzando una nueva vida de esplendor.

Sin embargo, la realidad es bien distinta, las herramientas que en los últimos años se han hecho tan populares difícilmente pueden triunfar sin tener en cuenta determinadas habilidades del mundo real que las pongan en el camino correcto para su aceptación y buen uso.

Poder proporcionar a los equipos de trabajo una experiencia armónica y satisfactoria que verdaderamente desate todo su potencial creativo, diferencia a las experiencias exitosas de las que se quedan en meras tentativas.

La habilidad para conseguir que un grupo trabaje adecuadamente dirigiendo su razonamiento con la sensación de «hacerlo fácil», de modo que su tarea llegue a buen puerto sería, en cierta manera, comparable al proceso de creación en el arte: hay un punto de inspiración, pero la maestría se alcanza a través del conocimiento de una técnica y de la disciplina.

La facilitación no es solo la habilidad de ayudar a resolver problemas, sino también la capacidad de crear significados compartidos en el camino que muevan a los equipos de trabajo a buscar activamente soluciones creativas de manera cotidiana.

Al igual que los enciclopedistas franceses del siglo XVII, Juan y Rafael se han propuesto en su serie *Designpedia* catalogar el conocimiento del mundo de la construcción de ideas, dándole un sentido práctico y muy aplicado que hará que este libro se convierta en un compañero recurrente a la hora de abordar el trabajo diario.

En esta nueva entrega de nuestros *designpedistas* preferidos se nos muestra a modo de mapa (o más correctamente hablando, de brújula) cuáles son los conceptos básicos de la facilitación, así como dinámicas fácilmente replicables de una manera visual y muy atractiva.

Quiero agradecerles sinceramente este esfuerzo por reflejar su experiencia diaria, que he tenido el gusto de compartir en los últimos años en numerosas colaboraciones con Thinkers Co., en un formato como este, útil, directo y aplicable que os invito a conocer.

Disfrutad el camino.

Ismael Pulido
Head of Innovation & Agile Ecosystem
en Enel

ÍNDICE

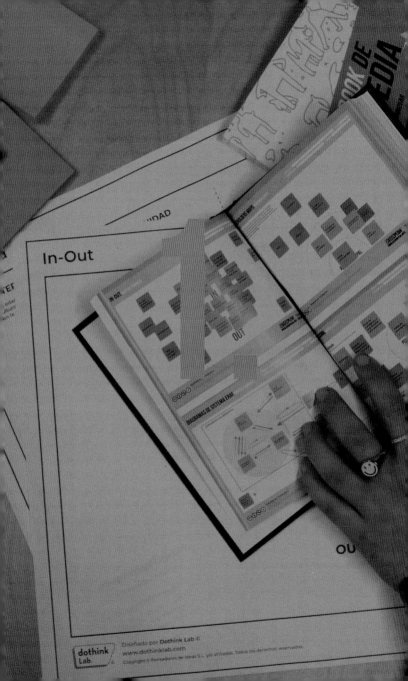

In-Out

INTRODUCCIÓN

- ¿Para qué sirve este libro?
- Cómo aprovechar al máximo el libro
- ¿Qué te vas a encontrar en el libro?

¿PARA QUÉ SIRVE ESTE LIBRO?

Cada día es más frecuente ver en pequeñas y grandes empresas el uso del *design thinking* como modelo de resolución de retos. Se trata de reunir al equipo en una sala o en un entorno virtual para acometer la resolución de un tema, donde los participantes utilizarán su inteligencia colectiva, su creatividad y sus conocimientos para aportar valor, apoyándose en el uso de pósits y herramientas varias.

Seguro que has estado o has liderado una de esas reuniones. De hecho, quiero que pienses en la última sesión de trabajo que tuviste con tu equipo. ¿Cómo fue? ¿Llegasteis al objetivo? ¿La gente prestaba atención? ¿Sentiste que podían haber aportado más? ¿No se os ocurrió nada para resolver el problema?… Seguro que si reflexionas, acontecieron estas y otras cosas que se podrían mejorar.

Si tu rol fue el de liderar el equipo y no conseguiste los objetivos esperados, ¿cuál crees que fue el motivo? ¿Fue porque no conocías bien las herramientas? ¿Fue por qué tú o la gente del equipo no conocíais la metodología? Estas variables son importantes, pero seguro que hay un par de preguntas que no se te han escapado: ¿he dinamizado bien la sesión de trabajo? ¿He sido un buen facilitador? Seguro que podrás responder a estas cuestiones cuando termines de leer *El actionbook de Designpedia*.

En este nuevo libro hemos seguido la estela de los dos libros anteriores de la colección *Designpedia: Designpedia. 80 herramientas para construir tus ideas* y *El workbook de Designpedia. Itinerarios de innovación*, y en él nos centramos en el arte del buen facilitador, una tercera pata de la metodología que nos llevará a potenciar la innovación y obtener del equipo su máximo potencial.

En nuestra agencia, Thinkers Co., nos enfocamos en establecer y desarrollar la instrumentación del diseño en las empresas y apoyar el correcto desarrollo de proyectos. Nuestra experiencia mientras estamos dinamizando es que todo llega a buen puerto; sin embargo, cuando no estamos «acompañando», ¿qué es lo que ocurre?, ¿son capaces los equipos de llegar a un entendimiento o a una resolución común? ¿Qué problemas se encuentran?

Uno de los mayores retos que nos hemos encontrado es transmitir que la cultura del diseño no es solo enseñar a ejecutar lo correcto, sino de forma correcta. Más allá de enseñar la metodología, los procesos y las herramientas existe esa otra actividad fundamental que se centra en cómo dinamizar los equipos y cómo exprimir al máximo esos encuentros entre las diferentes personas o *stakeholders* del proyecto. Un actividad que cuenta siempre con dos variables con las que cualquier facilitador tiene que batallar: la complejidad del problema y la limitación del tiempo. Pero si cuentas con los conocimientos y herramientas adecuadas, podrás facilitar una sesión de *design thinking* con éxito y lograr una cultura colaborativa, creativa e innovadora en los equipos en poco tiempo. Este libro te ayudará a conseguirlo.

¿Qué aprenderás?
- Las tipologías de las dinámicas.
- En qué consiste una sesión de trabajo y cómo estructurarla.
- Dirigir a un grupo y evitar posibles dificultades.
- Mejorar en la gestión del tiempo con los equipos de trabajo.
- Roles y claves de la facilitación.
- Nuevas herramientas de trabajo en equipo.
- Consejos y visiones alternativas de la facilitación.

¿CÓMO APROVECHAR AL MÁXIMO EL LIBRO?

Al igual que los anteriores libros de la colección de *Designpedia,* hemos querido hacer un libro 100 % práctico donde de forma esquemática y visual te iremos guiando en este proceso para ser un buen facilitador y potenciar tus sesiones de trabajo.

Facilitar no es un acto teórico, sino sumamente experiencial. Por tanto, muchos de los consejos y guías que te proponemos no los vas a interiorizar hasta que no los practiques en varias ocasiones. Pero si quieres conseguir tu objetivo y aprovechar al máximo este libro te pedimos paciencia y constancia.

Queremos mostrarte todo lo que hemos aprendido durante estos años facilitando procesos de *desing thinking* en diferentes clientes, desde grandes corporaciones hasta pymes de diversos tamaños. Nosotros ponemos los fundamentos, pero el resto lo debes poner tú.

Por último, recuerda que este libro complementa a los dos anteriores. Es importante que los conozcas porque te ayudarán a profundizar mejor en los términos que vamos a contarte a continuación, siempre desde la perspectiva del dinamizador. Pero si aún no los conoces, a lo largo del libro definiremos los conceptos y bases fundamentales, de forma que no te sientas perdido.

«Cuantos más
ingredientes
tengas, más podrás
improvisar».

¿QUÉ TE VAS A ENCONTRAR EN ESTE LIBRO?

El actionbook de Designpedia está pensado para todas las personas que quieran aprender o mejorar como facilitador, independientemente de si ya tienen conocimientos o experiencia. En los primeros libros de la colección presentamos y explicamos una serie de herramientas y tipos de dinámicas y, con esa base, entraremos en temáticas más abstractas, como consejos y *tips* de facilitación.

Los temas que vamos a recorrer juntos son los siguientes:

- **Bases:** qué es un facilitador, los elementos y las estructuras de una facilitación.

- **Dinámicas:** tipologías y guías a modo de receta para ir seleccionando la dinámica perfecta en base a las variables que tengas que acometer (por ejemplo: el foco está abierto o cerrado, el equipo está alineado o no).

- **Herramientas:** explicación paso a paso de las diferentes herramientas para usarlas en las dinámicas de forma práctica.

- **Estados de un facilitador** según el momento en que te encuentres de la dinámica.

- **Consejos y *tips*** que surgen en cada estado de la facilitación.

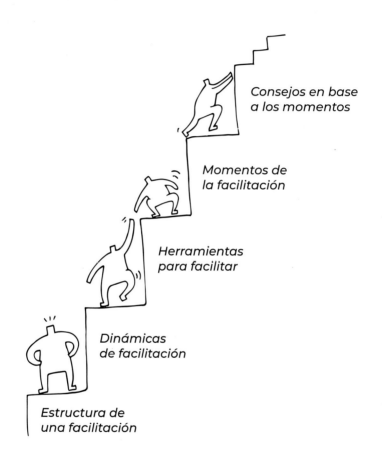

Consejos en base
a los momentos

Momentos de
la facilitación

Herramientas
para facilitar

Dinámicas
de facilitación

Estructura de
una facilitación

LAS CLAVES DE LA FACILITACIÓN

- ¿Qué es un facilitador?
- Elementos y estructura clave de una facilitación
- Diferencia entre reto y desafío

¿QUÉ ES UN FACILITADOR?

El pensamiento de diseño o *design thinking,* más allá de la metodología, es una actitud, es la forma en la que los diseñadores abordan los problemas. Dado el origen y la naturaleza de la metodología podrías pensar que es una praxis ingenieril, ya que existe un proceso, y mediante unas pautas más o menos claras podemos abordar el problema y alcanzar un buen resultado. Pero hay una trampa. La disciplina del diseño juega con esa parte analítica y tangible, donde todos nos sentimos seguros, y a la vez juega con otra más intangible y reflexiva, que es la intuición.

Los contextos son cada vez más cambiantes y complejos; lo que conocíamos en muchas ocasiones ya ha desaparecido, está en ello o ha cambiado radicalmente. En este entorno, la intuición es vital, clave para ir un paso más allá, encontrar el camino de la solución al reto y no caer en soluciones banales, lo que incentiva el uso del *design thinking.*

La pregunta es: ¿cómo puedo aprender a ser más intuitivo? La respuesta en ocasiones es frustrante: con el tiempo y la práctica. La intuición es la habilidad para conocer, comprender o percibir algo de manera clara e inmediata sin la intervención de la razón. Aunque a la intuición se le da una connotación de misterio, en realidad funciona a través del análisis de detección de patrones. A través de la información almacenada en el inconsciente, el cerebro consciente reacciona de manera ágil, sin un análisis racional de la situación: es el «olfato» creativo. Una habilidad que adquieres a lo largo de tu vida, retando a tu razón, no queriendo explicarlo todo, sino comprenderlo, para encontrar la luz en base a ese primer impulso.

¿Y si juntamos a más gente para ganar en intuición? Ganamos a su vez en complejidad y riqueza, basadas en la perspectiva, vivencias y áreas de conocimiento de cada uno. A contextos y retos más complejos, mayor necesidad de más visiones y mayor necesidad de encauzarse correctamente.

Creo que lo vamos viendo ya, ¿no? Cuando planteamos la posibilidad de reunir a más gente para disponer de información sobre el problema a abordar, comprenderlo mejor y por tanto ser más intuitivos en la búsqueda de la solución, es cuando aparece la figura clave: el facilitador.

El facilitador es el que guía el conocimiento del grupo, concentra la intuición de los participantes y prepara todo los medios a su alcance para crear esas conversaciones poderosas de las que tanto hablamos mediante dinámicas. Por tanto, cuando acudimos al facilitador en busca de respuestas no es él quien las tiene; no es un consultor. El facilitador juega con el conocimiento que tienen los participantes y lo transforma en intuición colectiva para acelerar los procesos, siendo a su vez el que reta a la razón cuando se intenta justificar en exceso.

ELEMENTOS Y ESTRUCTURA CLAVE DE UNA FACILITACIÓN

Entendido el rol del facilitador, debemos comprender la estructura básica y los elementos clave a tener en cuenta a la hora de realizar una sesión de trabajo facilitada.

Así mismo, cabe mencionar que entendemos la sesión de trabajo facilitada como un «taller» de trabajo o *workshop.*

Los elementos que establecen una estructura tipo correcta son los siguientes:

A. **La entrada** o punto de dónde partimos.

B. **La salida** o resultados a desarrollar.

C. **El calentamiento** o preparación de las personas para el trabajo.

D. **La dinámica de trabajo** o el flujo de trabajo del taller con las correspondientes tareas, herramientas o acciones a acometer.

A continuación vamos a entenderlos y verlos en profundidad.

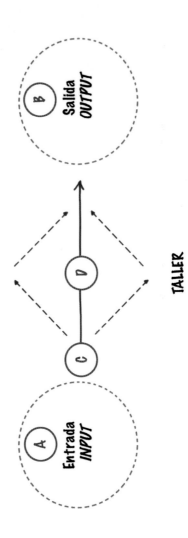

Entrada
INPUT

Salida
OUTPUT

TALLER

A

B

C

D

«Define a la vez
la entrada y la salida».

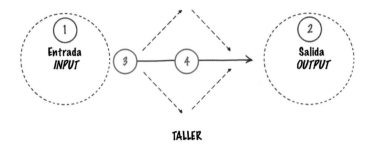

TALLER

El éxito de una facilitación se equilibra entre dos ejes clave: de dónde partimos y adónde queremos llegar. Estos elementos son la llave para entender el tiempo del que necesitamos disponer y la dinámica (herramientas) a desarrollar durante la sesión. Ambos deben ser analizados como preparación previa, y su buena comprensión y determinación será clave para tener un buen resultado. El posible fracaso de la sesión se incrementa si no hacemos un buen análisis de partida y/o establecemos un objetivo demasiado ambicioso. La combinación entre ambos nos debería determinar una visión realista de qué hacer y no hacer, siendo nuestra responsabilidad como facilitador hacérselo entender al *sponsor* (dueño del proyecto) o al equipo de trabajo.

La entrada (*input*)

Los datos o conocimientos, y el trabajo previo realizado sobre ellos, nos ayudarán a definir totalmente la dinámica, determinando la necesidad de tiempo o procesos de reflexión que precisamos para desarrollarla.

Estos datos de inicio nos van a condicionar toda la dinámica o sesión de trabajo. Según la información que tengamos como punto de partida articulamos una dinámica u otra.

Por ejemplo: si queremos resolver un problema, pero no está muy concreto, activaremos una sesión de definición de retos; si, por el contrario, tenemos un problema bien definido podemos realizar una sesión de ideación.

Ten presente que es vital para definir una dinámica el sentarte con la persona que quiere activar esta sesión de trabajo, que puede ser un responsable de equipo, el *sponsor* o un compañero que quiere solucionar un problema.

- ¿De qué datos o información disponemos antes de entrar al taller?

- ¿Cuánta de esta información ha sido compartida con otros? ¿Han podido reflexionar sobre ella?

La salida (*output*)

Tener claro qué esperamos de la salida del taller es tener claro los objetivos de resultados del mismo. La claridad en lo que esperamos de la salida nos ayudará a tener un control de las expectativas, o bien a establecer un ajuste de estas en base a las capacidades.

Así como es importante entender de qué datos disponemos como entrada, también es vital consensuar qué datos de salida esperamos del taller o sesión de trabajo, porque esto también nos va a afectar en la definición de la dinámica.

Por ejemplo: si queremos resolver un problema, pero no está bien definido, no esperemos desarrollar una idea de su posible solución con una dinámica simple y de corta duración; posiblemente estaremos pecando de ser muy ambiciosos.

- ¿Dónde queremos llegar?

- ¿Hasta dónde podemos llegar?

- ¿Qué resultado queremos obtener tras la sesión?

«Sin calentamiento
la gente se puede
romper».

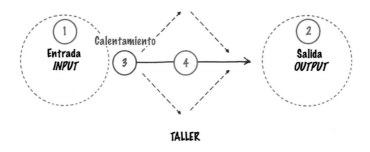

TALLER

Una vez establecidas la entrada y la salida de la facilitación estamos preparados para arrancar. Ahora es el momento de parar y reflexionar. Imagina que estás en una dinámica y después de explicar al equipo el objetivo del taller os ponéis a trabajar acto seguido. ¿Qué crees que pasará? Pues que a los asistentes les costará arrancar.

Vamos a usar una metáfora para explicarlo. Imagínate una carrera de atletismo, ¿qué es lo que hace el corredor antes del sprint? Calienta los músculos. ¿Qué pasa si no calienta? Le costará encontrar el ritmo de competición, e incluso puede que se lesione y la competición sea un fracaso. Pues aquí pasa algo semejante, nos costará arrancar la facilitación, e incluso podemos herirla de gravedad.

Al plantear un calentamiento previo a la dinámica podemos separar entre los grupales e individuales, encontrando diversas posibilidades acorde a los objetivos a desarrollar.

El calentamiento

Antes de ponernos manos a la obra en la dinámica debemos calentar con lo que llamaremos *ejercicios de activación*. El objetivo de estos ejercicios es rebajar la tensión antes de la sesión y activar/estimular a las personas para crear una sesión más fluida cuando lancemos las herramientas de trabajo.

Podemos encontrarnos los siguientes calentamientos:

Calentamientos grupales

Tienen como objeto la activación del trabajo colaborativo, estableciendo nexos entre los individuos y desarrollando el pensamiento común. Hay dos tipos de ejercicios:

- Ejercicios de presentación/relación: ayudan a romper el hielo presentando a los participantes del taller cuando no se conocen entre ellos.

- Ejercicios de activación grupal: ejercicios que nos ayudan a crear equipo proponiendo acciones que solo se puedan realizar de forma colectiva.

Calentamientos a nivel individual

Facilitan la estimulación de una faceta del pensamiento de cada participante. Aquí encontramos:

- Ejercicios para abrir la mente: el objetivo de estos ejercicios es estimular el pensamiento divergente, dado que vamos a realizar técnicas donde necesitaremos ponerlo en práctica.

- Ejercicios para poner el foco: ayudan a conectar a los participantes con el pensamiento convergente; son ejercicios ideales para concretar y seleccionar.

Consejo: el calentamiento es una fase divertida y estimulante, pero debe ser breve. No emplees mucho tiempo del taller en ella. Recomendamos que estos ejercicios de calentamiento tengan un porqué, no se trata solo de calentar por calentar.

Por ejemplo: no tiene sentido que hagas un ejercicio de presentación si todos se conocen o un ejercicio para abrir la mente si lo siguiente que les vamos a pedir es que empiecen a tomar decisiones o pasar a estados de convergencia.

En las siguientes páginas te proponemos una serie de calentamientos para que los pongas en práctica.

Calentamientos grupales
Ejercicios de presentación/relación:
Ejercicio 1 - ¿Verdad o mentira?
Ejercicio 2 - Autorretrato
Ejercicio 3 - Similitudes
Ejercicio 4 - Creando nombres
Ejercicios de activación grupal:
Ejercicio 5 - Jondo
Ejercicio 6 - La isla
Ejercicio 7 - Fecha de nacimiento
Ejercicio 8 - Cuenta 30

Calentamientos a nivel individual
Ejercicios para abrir la mente:
Ejercicio 9 - Usos de...
Ejercicio 10 - Dibuja una casa
Ejercicio 11 - Las señales
Ejercicio 12 - Sí, pero... Sí, además
Ejercicios para poner el foco:
Ejercicio 13 - El archipiélago
Ejercicio 14 - Historia continuada
Ejercicio 15 - Crucigrama DIY
Ejercicio 16 - Las palmas

Ejercicio 1
«¿Verdad o mentira?»

Ejercicio para presentar con rapidez, y de manera divertida, a un grupo pequeño de personas.

Duración aproximada: 5 min/persona

¿Qué necesitas preparar?
Cada participante necesitará media hoja de papel y un bolígrafo.

Modo de juego
Pide a los participantes que escriban 3 «hechos» sobre sí mismos en una sola frase cada uno; dos de ellos han de ser ciertos y uno inventado.
Una vez que todos los participantes tengan sus tres frases escritas, pídeles que lean, uno a uno y en voz alta, sus tres «hechos». El resto votará cuál de ellos es falso. Al terminar la votación, el participante revelará cuáles son verdaderos y cuál es el falso.
Repite la dinámica hasta que todos hayan hablado.

✓ VERDAD.
✓ VERDAD.
✗ MENTIRA.

Ejercicio 2
«Autorretrato»

Dinámica para romper el hielo de manera creativa y soltando mano.

Duración aproximada: 5 min/persona.

¿Qué necesitas preparar?
Papel, bolígrafos, rotuladores… El material necesario para que los participantes puedan dibujar.

Modo de juego
Pide a los participantes que se dibujen a sí mismos. Para ello, tendrán 10 minutos.
Si piensas que resulta muy complicado que se dibujen, puedes pedirles que dibujen su comida favorita, su espacio de trabajo…
Al terminar los 10 minutos, uno a uno se irá presentando a través de lo que han dibujado.

Ejercicio 3
«Similitudes»

Reto grupal que permite a los participantes conocerse mejor.

Duración aproximada: 5-10 min.

¿Qué necesitas preparar?
Puedes usar un cronómetro para hacerlo competitivo y que los participantes puedan ver el tiempo restante que les queda.

Modo de juego
Desafía a los participantes a encontrar 10 cosas que todos ellos tengan en común en 5 minutos.

Solo hay una regla: está prohibido contabilizar las similitudes más fáciles y obvias, como trabajar en la misma compañía, tener coche... Los participantes han de comunicarse entre ellos para lograr conseguir una mayor profundización en las respuestas.

Transcurrido el tiempo, han de nombrar a un portavoz para que lea las diez cosas en común que han encontrado.

Si ves que les está costando llegar a esas 10 cosas en común, puedes aumentar el tiempo y darles un poco más de margen.

Ejercicio 4
«Creando nombres»

Ejercicio rápido donde los participantes tendrán que ser ágiles y creativos para romper el hielo.

Duración aproximada: 5 min.

¿Qué necesitas preparar?
No hace falta material extra.

Modo de juego
Los participantes han de escoger un animal que empiece por la primera letra de su nombre y una cualidad que los describa que comience con la primera letra de su apellido.
Han de combinar ambas cosas para crear su nuevo nombre.
Uno a uno se irán presentando, diciendo su nombre nuevo y el porqué de las palabras escogidas.

Ejercicio 5
«Jondo»

Juego para practicar la atención a los demás, la reacción rápida y la toma de decisiones de manera ágil.

Duración aproximada: 10 min.

¿Qué necesitas preparar?
No hace falta material extra.

Modo de juego
Los participantes se sitúan en círculo. Todo se basa en cuatro movimientos que tienen una palabra asociada; Hía (Jia), jondo, samurai y akoro. Los participantes deben seguir la corriente del juego haciendo el movimiento que les toque en cada momento.

- **Hía (Jia):** es el movimiento básico con el que se empieza y consiste en mover la mano hacia el sentido en el que se quiere comenzar el juego.
- **Jondo:** salta a la siguiente persona. Este gesto representa una espada en cada mano que se clavan en el suelo al mismo tiempo. El movimiento que siempre sucede a un Jondo es un Hía.
- **Samurai:** dirige el juego a cualquier persona. El movimiento representa una espada agarrada con las dos manos que apunta hacia la siguiente persona.
- **Akoro:** todo el grupo debe darse las manos e ir al centro. Al hacer el gesto, decimos en voz alta su nombre. Lo importante es conseguir fluidez entre todos. A mayor rapidez, mayor complicación, y por ende, más focalizados y activos estamos mentalmente.

34

Ejercicio 6
«La isla»

Ejercicio donde los participantes tendrán que trabajar en equipo y pensar de manera creativa

Duración aproximada: 5 min.

¿Qué necesitas preparar?
Cada grupo necesitará una hoja de periódico o un papel de tamaño DIN A3.

Modo de juego
Divide a los participantes por equipos de 4 personas como máximo. Cada equipo tendrá su isla, que será una hoja de papel que deberán colocar en el suelo.

En cada ronda los equipos deberán permanecer dentro de su isla durante al menos 5 segundos sin pisar el suelo y sin utilizar elementos externos para sujetarse. En el momento en que alguno de los integrantes pise fuera del perímetro de la isla, el equipo al que pertenece estará eliminado.

Al final de la ronda, debes arrancar un trozo de las hojas de los equipos supervivientes. El trozo no debe ser muy grande.

El juego finaliza cuando haya solo un equipo que sea capaz de mantenerse dentro de su isla, o cuando se considere que las islas restantes han alcanzado un tamaño muy reducido para el número de miembros que aún quedan por equipo.

Ejercicio 7
«Fecha de nacimiento»

Reto en el que los participantes deberán ser creativos y, sobre todo, aprender a comunicarse.

Duración aproximada: 15 min.

¿Qué necesitas preparar?
Prepara pósits y rotuladores.

Modo de juego
Para empezar, los participantes deberán escribir sus nombres en pósits y pegarlos en la pared.

El objetivo es que los participantes ordenen los pósits por su fecha de nacimiento. El reto está en que ninguno de ellos podrá decir o escribir el nombre del mes, el año o el día en el que nacieron. Para ello, han de buscar otros recursos, como sucesos que tuvieron lugar en ese año o ese mes, para que el resto de los compañeros se guíen y puedan formar el listado.

La idea es romper las barreras que normalmente nos generamos para buscar nuevos referentes. Como facilitador, tendrás que estar pendiente para evitar que digan números o los nombres de los meses.

Ejercicio 8
«Cuenta 30»

Ejercicio para calentar la organización y la cooperación del equipo. Los participantes tendrán que estar atentos y reaccionar con rapidez.

Duración aproximada: 5 min.

¿Qué necesitas preparar?
No hace falta material extra.

Modo de juego
Pide a los participantes que cuenten entre todos hasta 30 lo más rápido posible. Para lograrlo, tendrán que estar atentos:
- En el momento en que dos de ellos hablen a la vez, la cuenta volverá a comenzar.
- En el momento en que una misma persona diga dos números consecutivos, la cuenta volverá a comenzar.
- En el momento en que pasen más de 10 segundos entre números, la cuenta volverá a comenzar.

Si los participantes consiguen llegar a treinta rápidamente, como facilitador pídeles que vuelvan a contar, pero esta vez añade reglas. Por ejemplo: las personas cuyos nombres empiecen por A, M, L o B solo pueden decir números pares.

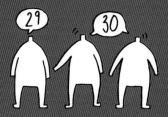

Ejercicio 9
«Usos de...»

Ejercicio para empezar a pensar fuera de la caja. Genial para aprender cuáles son las bases de una lluvia de ideas.

Duración aproximada: 10 min.

¿Qué necesitas preparar?
Prepara papel, rotuladores... Lo que veas necesario para que los participantes apunten sus ideas.

Modo de juego
Elige un objeto cotidiano: una silla, un cinturón, una bolsa de tela, un paraguas... y plantea a los participantes el siguiente reto: «¿Cuántos usos diferentes, más allá de su función principal, podéis encontrar para este objeto?».

Los participantes tendrán 1 minuto para escribir un listado con todas las utilidades que se te ocurran para el objeto elegido. Al finalizar el minuto, se cuenta el número de ideas que han generado.

Reflexiona con ellos sobre qué les ha frenado o les ha impulsado la generación de ideas y repite el mismo ejercicio con otro elemento. ¿Han logrado aumentar el número de ideas generado?

Durante el ejercicio, recuerda a los participantes que lo más importante es la cantidad de ideas. El juicio se debe posponer. La única idea que no vale es la que no se dice.

Ejercicio 10
«Dibuja una casa»

Ejercicio creativo para abrir la mente y aprender que considerar otras perspectivas puede ayudarnos a generar ideas.

Duración aproximada: 5 min.

¿Qué necesitas preparar?
Papel, bolígrafos, rotuladores... El material necesario para que los participantes puedan dibujar.

Modo de juego
Reparte el material de dibujo a cada participante.

Pide a los participantes que dibujen una casa en 3 segundos. Pasado dicho tiempo, pídeles que dibujen otra casa nueva totalmente diferente a la anterior en otros 3 segundos.

Este proceso se repetirá hasta que se hayan dibujado 10 casas en la hoja.

Al finalizar el ejercicio, reflexiona con los participantes: «¿Qué hemos entendido por casa?». «¿Por qué?». «¿Qué ha supuesto esto?». «¿Por qué hemos pensado en algún momento que otras ideas como una caja de lápices o una concha de caracol no eran correctas?».

Como facilitador has de hacer hincapié en que la primera idea suele ser la más obvia. Ideamos en función de nuestra cultura y nuestra experiencia. Debemos abrir nuestra mente a otros contextos o experiencias, para poder así generar muchas más ideas que incluyan, además, nuevas perspectivas.

Ejercicio 11
«Las señales»

Reto donde los participantes deberán generar ideas con rapidez, evitando la autocensura en la ideación.

Duración aproximada: 10 min.

¿Qué necesitas preparar?
Papel, bolígrafo y fotos de señales (entre 3 y 5 serán suficientes) aunque puedes preparar tantas como quieras.

Modo de juego
Muestra a los asistentes una señal de tráfico y dales 1 minuto para inventar al menos 3 significados distintos que hagan más divertido circular por la ciudad. Cuando tengan los significados, han de compartirlos evitando repetir significados entre los asistentes.
Deja 15 segundos de descanso y muestra la segunda señal de tráfico. De nuevo, los participantes tendrán que apuntar 3 significados diferentes en menos de 1 minuto.
Repite el proceso tantas veces como consideres. Como facilitador has de recordar a los participantes que lo más importante es la cantidad de ideas. La autocensura no solamente nos impide proponer las ideas, sino que además, nos bloquea.

Ejercicio 12
«Sí, pero... Sí, además»

Ejercicio relajado para empezar a ponernos en actitud divergente y entender la importancia de construir sobre las ideas de otros.

Duración aproximada: 10 min.

¿Qué necesitas preparar?
No hace falta material extra.

Modo de juego
Pon en contexto a los asistentes: «Somos multimillonarios y nos vamos a ir de vacaciones a donde queramos. Pero no queremos ir solos». Entonces pide a los participantes que caminen por la sala y que cuando se encuentren con alguien le cuenten un «planazo» para esas vacaciones. Por ejemplo: «Me quiero a ir a Brasil a bailar samba y ponerme un tanga de leopardo». La persona que escucha debe aceptar el plan y añadir un «sí, pero»: «Sí, pero a mí no me apetece bailar y los tangas son muy incómodos».
Pasados unos minutos, detén a los participantes y pídeles que esta vez contesten a las ideas con un «sí, y además» en vez de con un «sí, pero»: «Sí, y además nos vamos a bucear y a navegar por el Amazonas». Recordemos que somos millonarios y podemos hacer lo que queramos.
Al finalizar, lanza la reflexión y explica que el PERO bloquea y niega las ideas de los demás y el ADEMÁS suma posibilidades interesantes, ricas y es constructivo.

Ejercicio 13
«El archipiélago»

Ejercicio para aprender la importancia de seleccionar y mantener el foco adecuado para la ideación. Ideal para terminar la fase de selección del problema o para comenzar una ideación enfocada.

Duración aproximada: 10 min.

¿Qué necesitas preparar?
No hace falta material extra.

Modo de juego
Cuenta la siguiente historia a los participantes: «Los habitantes de un archipiélago hablan varios idiomas y no se entienden entre ellos. El archipiélago está amenazado por varios huracanes cada año. La gente muere por no llegar a tiempo a los refugios. La prensa echa la culpa al gobierno».

Tras interiorizar la historia, los participantes tienen que encontrar los retos a los que el archipiélago se enfrenta. Planteamos los retos como preguntas que invitan al grupo a encontrar soluciones, siguiendo la estructura «¿Cómo podríamos…?». Finalmente, entre todos hay que decidir cuál es el reto que más ayudaría al archipiélago.

Muchas veces la pregunta es tanto o más importante que la respuesta. Y no hay nada peor que dedicarle mucha energía a encontrar una respuesta a una pregunta que no sirve.

42

Ejercicio 14
«Historia continuada»

Ejercicio para practicar el análisis, la priorización y el trabajo en equipo. Puede usarse tanto para comenzar como para recapitular.

Duración aproximada: 5 min.

¿Qué necesitas preparar?
Si quieres que los participantes suelten mano, deberás preparar una superficie grande, como una pizarra o un rollo de papel grande donde puedan escribir o dibujar su historia.

Modo de juego
El objetivo del ejercicio es contar una historia entre todos los integrantes del grupo. Esto se puede hacer oralmente o a través de un dibujo, y puede servir a varios fines.
Para empezar, da un contexto a los participantes sobre la historia que deben contar: qué pasó el día anterior, qué ha pasado en el taller...
Cada uno de ellos debe contar una parte de la historia, intentando que quede en orden cronológico, pero sin hablar entre ellos u organizarse previamente. El reto está en que sepan identificar las partes clave y trabajar como conjunto para reflejarlas todas.

Ejercicio 15
«Crucigrama DIY»

Ejercicio para entrenar nuestras capacidades de priorización y síntesis. Nos sirve tanto para focalizar como para cerrar una sesión.

Duración aproximada: 10 min.

¿Qué necesitas preparar?
Para este ejercicio necesitarás una superficie grande, como una pizarra, donde los participantes puedan escribir. El tamaño necesario varía según el número de participantes.

Modo de juego
Situamos a los participantes juntos, frente a un espacio donde puedan escribir. Y escribimos varias palabras al azar, sobre ellas haremos un crucigrama con el tema que queremos tratar.
Si lo que quieres es romper el hielo, puedes preguntar: «¿Qué expectativas tenéis?». Si en cambio, queremos recapitular, la pregunta sería: «¿Qué conceptos recordáis de la última sesión?». O para cerrar la sesión: «¿Con qué palabra os quedáis después de haber vivido este taller?».

Ejercicio 16
«Las palmas»

Juego para calentar y practicar la velocidad de reacción. Prepara a los participantes para tomar decisiones de manera rápida.

Duración aproximada: 5 min.

¿Qué necesitas preparar?
No hace falta material extra.

Modo de juego
Forma un círculo con todos los participantes. Nombra la persona por la que va a comenzar el juego. Dicha persona debe dar una palmada y el de su derecha ha de seguirla con el fin de que la palmada recorra todo el círculo en sentido contrario a las agujas del reloj. La idea es ir lo más rápido posible hasta que todos cojan el ritmo y se cree un efecto de palmada continua en la que participen todos los miembros del círculo.

Cuando lo hayan conseguido, encárgate de introducir poco a poco las nuevas reglas.

- **Palmada doble:** la dirección del juego cambia. Si estamos jugando en sentido contrario a las agujas del reloj, en vez de seguir el jugador de la derecha, la palmada ha de realizarla el jugador de la izquierda.
- **Palmada triple:** el sentido de la palmada se mantiene, pero saltamos al próximo jugador.

Si alguien se equivoca, toca empezar de nuevo. La gracia es trabajar en equipo y ser lo más rápido y fluido posible, tomando decisiones con rapidez.

«Diverges o
converges, abrimos
o cerramos».

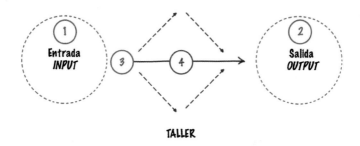

TALLER

Entendidos los elementos de preparación y puesta en marcha de una sesión de facilitación, estos nos enfocan al desarrollo de la dinámica de trabajo, una serie de actividades organizadas para alcanzar una correcta satisfacción del *OUTPUT* de salida partiendo del *INPUT* de entrada.

En la metodología del *design thinking,* se trabaja alternando dos formas de pensamiento: el pensamiento divergente (la manera de pensar predominante de un artista) y el pensamiento convergente (la mirada predominante de un ingeniero). Cada dinámica consiste en ir aplicando las herramientas/plantillas que hemos seleccionado para asegurar el objetivo a desarrollar combinando, en base a las necesidades de la sesión, estos dos estados:

- **Estado de divergencia**

- **Estado de convergencia**

La dinámica

Este es el momento de trabajo con el equipo, donde sucede la acción en sí misma. Su correcta identificación y puesta en marcha es el trabajo del facilitador, siendo el guía del equipo durante su ejecución.

Como facilitador tu misión es la de adecuar el estado de divergencia o convergencia según lo requiera la dinámica, o lo que es lo mismo, saber cuándo hay que abrir y cerrar la conversación.

- **Estado de divergencia:** cuando queremos abrir el foco, es decir, cuando buscamos comprender y recoger mucha información o gran cantidad de ideas.

- **Estado de convergencia:** cuando queremos cerrar el foco y decir/seleccionar qué información es la más relevante o qué ideas queremos desarrollar más.

En la Tipología de dinámicas (página 55) veremos en detalle diversas dinámicas y las plantillas de trabajo a utilizar, que estarán ordenadas según su objetivo:

- **Identificar oportunidades**

- **Generar ideas**

DIFERENCIA ENTRE RETO Y DESAFÍO DE DISEÑO

¿Cuál crees que es uno de los mayores errores a la hora de crear una facilitación?

La respuesta es no saber diferenciar entre reto y desafío de Diseño, o bien no ser consciente de la distancia existente entre ambos que nuestro equipo tiene que recorrer.

Un reto es un problema muy genérico, algo muy abierto, mientras que en un desafío de diseño el foco está más cerrado, es decir, el problema planteado está más definido y/o acotado. Por ejemplo:

- ¿Cómo podríamos crear una ciudad más sostenible? Es un reto.

- ¿Cómo podríamos reducir el desperdicio de los restaurantes en las zonas turísticas? Es un desafío de diseño.

Como podemos apreciar, ambos se relacionan con la necesidad de modificar nuestros modelos de actuación como ciudadanos, si bien el primero surge de una necesidad u oportunidad genérica tal y como arrancan la mayoría de nuestros pensamientos. Sin embargo, el segundo, establece una necesidad u oportunidad acotada de algo que debería ser resuelto, un lugar donde podríamos generar impacto.

Reto
Problema genérico. (Abierto)
No hay foco, el arquetipo es muy abierto
Es una pregunta abierta

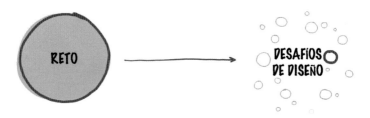

Desafíos de diseño
Problema cerrado. (Acotado)
Suele haber foco en un tipo de arquetipo
Es una pregunta concreta

Es vital conocer la diferencia y entender los matices del reto y el desafío de diseño para poder gestionar correctamente las expectativas del equipo, el *sponsor* del proyecto y los *stakeholders* o grupos de interés del mismo.

La distancia entre ellos nos lleva al error que solemos cometer en las dinámicas de *design thinking*: cuando alguien nos propone un reto, nosotros automáticamente nos ponemos a generar soluciones mediante ideación, o hacemos un repaso previo muy breve con una leve caracterización del usuario tipo, pero en consecuencia estas soluciones no generarán ningún impacto. En cambio, cuando transformamos el reto que nos han dado en un desafío de diseño el impacto en los grupos de interés (usuario, cliente, empleado...) será mucho mayor.

Aquí está la gran diferencia: mientras el reto genera soluciones que no aportan valor o son ambiguas en su puesta en marcha, el desafío de diseño genera soluciones que sí aportan valor y están enfocadas en algo interesante de construcción. Parte del Proceso de *design thinking* es ayudar a los equipos a recorrer el camino desde el reto inicial hasta la buena definición de un desafío de diseño, con lo que ya tendremos la mayor parte de la solución de impacto ganado. Ese es el momento adecuado para generar soluciones creativas y resolver nuestro problema u oportunidad de negocio.

¡OJO! Aunque en la mayoría de las ocasiones sea así, en otras tenemos que saber romper con lo acotado que es el desafío de diseño y saltarnos las normas para generar valor, pues el camino de la reflexión nos encauza a cosas muy concretas.

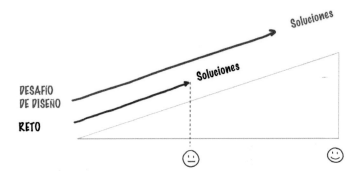

En resumen, según lo concreto o tangible que sea el problema u oportunidad, nos enfocaremos en diferentes dinámicas de facilitación englobadas en dos ejes:

- **Identificación de oportunidades:** si lo que tenemos entre manos es un reto con una amplitud tal que debe ser diseccionado en posibles desafíos de diseño, desembocando en diferentes procesos de resolución.

- **Dinámicas Creativas:** si lo que tenemos es un desafío de diseño concreto, el cual puede ser perfectamente accionado en búsqueda de soluciones.

Dichas dinámicas de trabajo, que veremos a continuación, pueden ser desarrolladas de forma autónoma como reuniones efectivas de trabajo, o bien ser parte de un proyecto mayor donde la investigación y el testeo nos ayuden a alcanzar con mayor seguridad nuestros objetivos.

Jou

ORGANIZACIÓN
DEL VIAJE

PREPARACIÓN DEL VIAJE

Busca info
para elegir
destino y
compara

Compara
entre
distintas
opciones

Prepara el
equipaje y
otros
preparativos
previos al
viaje

Durante el

B logs
y
RRSS

Compara
de r
Busca caos
del transporte
hasta el
de des...

Buscadores /

Prepara el
equipaje con
lo justo y
celano

Toma el
vuelo al
lugar de
destino

Asesora...
Punto de
info en el
aeropuerto

Busca inspira-
ción de
destinos en RRSS

NO LE PREOCUPA
EL EQUIPAJE, PERO
AGRADECE DE LO
POSITIVO Y LE
PRESTE SENSIBILIDA

3.

¿CÓMO PODEMOS
AYUDAR AL USUARIO
A ELEGIR OPCIONES
DENTRO DE SU
PRESUPUESTO?

Proyecto

TIPOLOGÍA DE DINÁMICAS

- Conocimiento interno versus conocimiento externo
- Una dinámica no es un proyecto
- Qué aportan las dinámicas a los proyectos
- Presentación de los tipos de dinámica
- Dinámicas para la «identificación de oportunidades»
- Dinámicas creativas
- Plantillas de trabajo

CONOCIMIENTO INTERNO VERSUS CONOCIMIENTO EXTERNO

Usando el proceso de *design thinking* podemos observar que hay fases donde es importante tener conocimiento interno y fases donde necesitamos el conocimiento externo. Esto quiere decir que hay momentos donde debemos poner el foco en la empresa (conocimiento interno) y otros donde debemos ponerlo en el usuario (conocimiento externo).

Esta aclaración es importante, ya que las dinámicas que vamos a exponer a continuación se centran en las fases donde hay conocimiento interno. Como facilitador es importante saber qué tipo de información necesitas en cada fase del *design thinking*.

CONOCIMIENTO INTERNO:

- **Fase Mapear:** es el inicio del proyecto, donde establecemos las bases. Es el momento en el que los responsables del proyecto ponen sobre la mesa qué saben del problema en cuestión, qué conocimiento tienen y concretan el foco en donde quieren trabajar.

- **Fase Construir:** es la fase de ideación con el equipo para generar soluciones al problema detectado. La necesidad de conocimiento interno radica en que, una vez pensadas las ideas, debemos decidir cuáles son más viables para la empresa y, lo más importante, cómo las vamos a poner en marcha en base a los recursos de que disponemos.

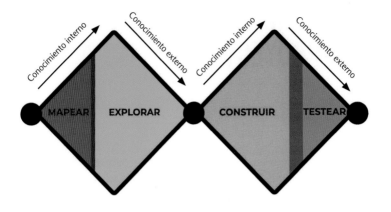

CONOCIMIENTO EXTERNO:

- **Fase Explorar:** es la fase en la cual nos lanzamos a entender al usuario en profundidad; el objetivo es tratar de validar si lo que sabemos de nuestro usuario es cierto o no. Por tanto, aquí el conocimiento externo adquiere mucho valor, ya que lo que buscamos en esta fase es «descubrir» las necesidades que aún desconocemos de la empresa.

- **Fase Testear:** en esta fase queremos validar nuestras hipótesis, es decir, queremos entender si las soluciones que hemos creado ayudan realmente o no a nuestro usuario. El objetivo es entender qué le interesa de nuestras ideas a nuestro público para ir ajustando la solución. Como en la fase anteriormente descrita, el conocimiento externo es vital, ya que testear internamente tus ideas no te va a aportar ningún valor a la hora de entender si tu solución tiene sentido para tu cliente.

UNA DINÁMICA NO ES UN PROYECTO

Uno de los grandes errores que podemos cometer los facilitadores es la gestión de expectativas de los asistentes a una dinámica de trabajo. ¿Por qué decimos esto? Hay que dejar bien claro que estas dinámicas que vamos a ver a continuación se enmarcan en el *design thinking,* un modelo de Diseño Centrado en las Personas. No obstante, lo que presentamos son sesiones de trabajo con tu equipo o los responsables del proyecto, y están limitadas al conocimiento que tengan ellos del problema u oportunidad. Por ello en estas dinámicas hay un personaje vital en los procesos de diseño que no está en la sesión: la persona sobre la que trabajamos (usuarios, cliente o empleados). Así mismo, si hacemos uso de tendencias, tecnologías u otra información disponemos de todo cuanto conocen los participantes.

Las dinámicas que vamos a ver a continuación están preparadas para alinear equipos y crear sesiones de ideación, con la finalidad de crear unas primeras ideas y el aterrizaje de conceptos; como el usuario no está en esas sesiones, ya que son momentos de trabajo con nuestro equipo, nunca vamos a tener un conocimiento total de si lo que estamos haciendo aporta valor al usuario.

Como facilitador, tu primera misión es la de detectar este hecho: ¿realmente conocemos al usuario? ¿Hay alguien en la sala que sea la voz del mismo? ¿Tenemos información relevante? Y por otro lado... ¿conocemos qué está pasando en nuestro sector? ¿Conocemos las tendencias de usuario, tecnológicas o de negocio emergentes? Cuando detectamos que no tenemos nada de conocimiento o el tema es tan difuso que ni los responsables del proyecto saben por dónde cogerlo es cuando deberíamos hablar de levantar un «proyecto de diseño». Cuando hablamos de proyecto es porque necesitamos tiempo y recursos para reunirnos con el usuario. Si nos centramos en la metodología del *design thinking* nos reuniremos con el usuario en la fase de Investigación para profundizar en sus problemas, de modo que nos ayude a detectar palancas de actuación, así como para entender si nuestros conceptos van por el buen camino, e introduciremos en el proceso al usuario mediante la «cocreación» y el testeo, para ir puliendo nuestra solución.

Creer que, por generar dinámicas de trabajo con el cliente en el centro, nuestras soluciones serán asombrosas, es una temeridad si de verdad no lo integramos en el proceso.

¿QUÉ APORTA UNA DINÁMICA A UN PROYECTO?

Tan importante es hablar con el usuario como alinearme con mi equipo.

Introducir estas dinámicas en los procesos de trabajo tienen como objetivo principal construir una solución entre todos los participantes del proyecto ya que, no nos engañemos, diseñar es un acto político. Cualquier solución de éxito en el seno de una organización es un consenso entre todas las partes responsables, pues estas personas son las que, posteriormente, tienen que implementar dicha solución, y si no están alineados, por muy buena que sea la solución, será difícil de implementar después.

Ejemplo 1: en un proyecto de transformación digital, si en estas sesiones solo participa el equipo de desarrollo de negocio y operaciones, pero no está el equipo de desarrollo IT, puede que luego, al implementar la idea, nos frenen, porque tal vez sea inviable hacerla por no tener en cuenta determinadas consideraciones de la estructura.

Ejemplo 2: si hacemos una reflexión sobre una Experiencia de Usuario (UX) o de Cliente (CX) y trabajamos una buena idea para el usuario, fácil de ejecutar, pero sin contar con el equipo de desarrollo de negocio o estrategia, posiblemente va a tener cero impacto en nuestra cuenta de resultados o no encajará con la dirección a seguir, así que habremos perdido el tiempo.

Por eso, por mucho que el *design thinking* establezca un *modus operandi* centrado en la persona, centrarse en el usuario es utópico y hasta peligroso si pretendemos generar un impacto como organización.

Hay que crear un equilibrio entre lo que podemos y debemos hacer y lo que necesitan las personas. Si una de estas dos balanzas pesa más que la otra, seguramente el proyecto fallará. Estas dinámicas sirven para reforzar el trabajo en equipo, y es labor del facilitador crear conversaciones poderosas para propiciar que cada integrante pueda aportar y dar su visión del tema a tratar. Con estas dinámicas queremos agilizar y empoderar a las personas del proyecto para que lo que salga de aquí sea coherente, pero ante todo, y lo más importante, para que haya un compromiso de todos a fin de que la solución resultante sea la que podamos implementar.

PRESENTACIÓN DE LAS TIPOLOGÍAS DE DINÁMICAS

Entendiendo que solo vamos a poner el foco en las fases donde se usa el conocimiento interno, que es donde más valor puede tener un facilitador, vamos a explicar qué tipo de dinámicas nos encontramos. Las dos grandes familias son:

- **Dinámicas para identificar oportunidades:** con ellas buscamos alinear a los equipos y poner en común toda la información sobre el problema con el objetivo de definir el foco, es decir dónde queremos acometer el problema para más tarde crear desafíos que nos ayudarán a identificar la oportunidad.

Foco
el reto está muy
cerrado

1. Entendimiento
del reto

2. Concreción de
los desafíos

Alineamiento
el equipo no está
alineado

Alineamiento
el equipo está
alineado

3. Exploración de
los escenarios

4. Definición de
los escenarios

Foco
el reto está muy
abierto

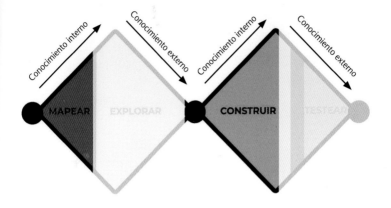

- **Dinámicas creativas:** cuando tenemos el foco claro, en esta caso un desafío verbalizado, proponemos estas sesiones de creación para generar ideas que nos den respuestas al problema detectado para más tarde, en dinámica de concreción, definir y aterrizar los conceptos que más sentido tenga probar con el usuario.

Dinámicas para
IDENTIFICACIÓN DE
OPORTUNIDADES

1. **Entendimiento del reto:**
   Foco cerrado + equipo no alineado

2. **Concreción del desafío:**
   Foco cerrado + equipo alineado

3. **Exploración de los escenarios:**
   Foco abierto + equipo no alineado

4. **Definición de los escenarios:**
   Foco abierto + equipo alineado

SELECCIÓN DE LA DINÁMICA

Como habíamos dicho anteriormente, las dinámicas de identificación de oportunidades son las que nos ayudan a concretar y definir el foco. Recuerda que estas dinámicas no son para generar ideas, sino para concretar más el problema y definir la oportunidad. Antes de idear conviene enfocar.

Para seleccionar la dinámica ideal hay dos variables clave que debes tener en cuenta:

- Foco: determina si el reto que vas a acometer está abierto (muy ambiguo y poco definido) o está cerrado (está más desarrollado, aunque no del todo).

- Alineamiento: determina si los participantes del taller están alineados (el equipo entiende el problema y el objetivo de la mima manera) o no (el equipo no entiende el problema y el objetivo o no lo hace de la misma manera).

Según estas variables aparecen cuatro tipos de dinámicas:

1. Entendimiento del reto: foco cerrado + equipo no alineado.

2. Concreción del desafío: foco cerrado + equipo alineado.

3. Exploración de los escenarios: foco abierto + equipo no alineado.

4. Definición de los escenarios: foco abierto + equipo alineado.

Alineamiento
el equipo está alineado

Foco
el reto está muy cerrado

Foco
el reto está muy abierto

2. Concreción de los desafíos

4. Definición de los escenarios

1. Entendimiento del reto

3. Exploración de los escenarios

Alineamiento
el equipo no está alineado

EXPLICACIÓN DE CADA DINÁMICA

Una vez seleccionada la dinámica que se adapte mejor según las variables, el foco y alineamiento del equipo, te vamos a explicar la dinámica a través de las plantillas de trabajo para que el uso de estas te sea más sencillo.

1. **ENTENDIMIENTO DEL RETO** Foco cerrado + Equipo no alineado	**2.** **CONCRETAR EL DESAFÍO** Foco cerrado + Equipo alineado
Herramientas	**Herramientas**
IN/OUT .... pág. 90	*Brainwall* ....pág. 98
Brainwall .... pág. 98	5 porqués ....pág. 102
5 porqués ....pág. 102	Mapa *stakeholders* .pág. 106
Mapa *stakeholders*. pág. 106	Persona..................pág. 110
Persona..................pág. 110	Mapa de empatía ..pág. 114
Point of view .... pág. 118	*Point of view* ....pág. 118
Desafío de diseño ..pág. 122	Desafío de diseño ..pág. 122

Recuerda que al lado de cada plantilla te indicamos la página donde la puedes encontrar para profundizar más y para que luego sea más fácil aplicarla a la dinamización.

Lo que te vamos a contar ahora es la dinámica, a modo de receta, para que veas cómo se conectan las plantillas de trabajo:

3. EXPLORACIÓN DE ESCENARIOS

Foco abierto
+
Equipo no alineado

Herramientas

4. DEFINIR LOS ESCENARIOS

Foco abierto
+
Equipo alineado

Herramientas

1. ENTENDIMIENTO DEL RETO

Foco cerrado

Equipo no alineado

Con **IN/OUT** podemos determinar qué queremos y qué no queremos obtener en este reto. Con **Brainwall** planteamos preguntas abiertas sobre lo que nos preocupa o sobre problemáticas del reto, y, sobre ello, clusterizamos. Tras *Brainwall* votamos qué es lo que más nos interesa resolver, y para profundizar más sobre ello utilizamos los **5 porqués**. Para seleccionar a los usuarios que queremos ayudar haremos el **Mapa de *stakeholders***; con esta herramienta veremos quién está alrededor de nuestro proyecto, posicionándolos por orden de influencia o importancia. Para concretar a nuestro usuario nos ayudaremos con la herramienta **Persona** que nos permitirá obtener las necesidades. Después, con el **Point of view,** trataremos de entender los porqués de las necesidades y, por último, con las necesidades y los porqués ya definidos, realizaremos los **Desafíos de diseño** o áreas de oportunidad.

2. CONCRETAR EL DESAFÍO

Foco cerrado

Equipo alineado

Con **Brainwall** planteamos preguntas abiertas sobre lo que nos preocupa o sobre las problemáticas del reto; sobre ello clasterizamos. Tras *Brainwall,* votamos qué es lo que más nos interesa resolver, y para profundizar en ello utilizamos los **5 porqués**. Para seleccionar a los usuarios que queremos ayudar haremos el **Mapa de *stakeholders*** para ver quién está alrededor de nuestro proyecto, posicionándolos según la influencia o importancia. Para concretar a nuestro usuario nos ayudaremos con la herramienta **Persona,** con el propósito de obtener las necesidades. Con el **Mapa de empatía** nos meteremos en la piel de la persona a la que queremos ayudar. Después, con el ***Point of view*** trataremos de entender los porqués de las necesidades. Con las necesidades y los porqués definidos realizaremos los **Desafíos de diseño** o áreas de oportunidad.

3. EXPLORACIÓN DE ESCENARIOS

Foco abierto

Equipo no alineado

Para alinearnos utilizaremos el **DAFO** para que todos veamos la misma foto sobre el reto que tenemos entre manos. Con **IN/OUT** decidiremos qué queremos y no queremos de este reto. Con **Brainwall** planteamos preguntas abiertas sobre lo que nos preocupa o sobre problemáticas del reto; sobre ello clasterizamos. Tras *Brainwall* votamos qué es lo que más nos interesa resolver, y para profundizar utilizamos los **5 porqués**. Para seleccionar a los usuarios que queremos ayudar haremos el **Mapa de *stakeholders*** de modo que podamos saber quién está alrededor de nuestro proyecto, posicionándolos por orden de influencia o importancia. Para concretar a nuestro usuario, nos ayudaremos con la herramienta **Persona** para obtener las necesidades. A continuación, con el ***Point of view*** trataremos de entender los porqués de las necesidades. Con las necesidades y los porqués definidos realizaremos los **Desafíos de diseño** o áreas de oportunidad.

4. DEFINIR LOS ESCENARIOS

Foco abierto

Equipo alineado

Para concretar el foco utilizaremos **Análogos/Antílogos** que nos permitirá visualizar qué tiene cada integrante del equipo en mente. Con **Brainwall** planteamos preguntas abiertas sobre lo que nos preocupa o sobre las problemáticas del reto; después, clusterizamos. Tras *Brainwall,* votamos qué es lo que más nos interesa resolver, y para profundizar sobre ello utilizamos los **5 porqués**. Para seleccionar a los usuarios que queremos ayudar haremos el **Mapa de *stakeholders,*** con el que veremos quién está alrededor de nuestro proyecto y podremos posicionarnos por orden de influencia o importancia. Para concretar a nuestro usuario nos ayudaremos con la herramienta **Persona** para obtener las necesidades. Con el **Mapa de empatía** nos meteremos en la piel de la persona que queremos ayudar. Después, con el **Point of view**, trataremos de entender los porqués de las necesidades. Con las necesidades y los porqués ya definidos, realizaremos los **Desafíos de diseño** o áreas de oportunidad.

Dinámicas
CREATIVAS

1. **Sesión primeras ideas:**
   No hay ideas previas + Desafío de diseño muy cerrado

2. **Sesión de alineamiento:**
   No hay ideas previas + Desafío de diseño muy abierto

3. **Sesión disruptiva:**
   Hay ideas previas + Desafío de diseño muy abierto

4. **Cocreaciones:**
   Hay ideas previas + Desafío de diseño muy cerrado

SELECCIÓN DE LA DINÁMICA

Una vez que tenemos claro cuál es la oportunidad, es decir, hemos definido el foco (qué parte del problema queremos resolver, quién es nuestro usuario objetivo, qué prioridades tenemos en la sesión…) es la hora de generar soluciones que se apliquen al desafío encontrado.

Tan importante es generar ideas como aterrizarlas en conceptos. En la mayoría de las dinámicas, en nuestra salida del taller (output), deberíamos acabar con una selección de ideas y, de estas, aterrizar unas cuantas en una ficha de concepto. Con esta ficha ya podremos empezar en fases posteriores a realizar iteraciones con usuarios reales; desde entrevistas cuando queramos recoger *feedback* hasta testeo para probar funcionalidades.

Para seleccionar la dinámica ideal hay dos variables clave que debes tener en cuenta:

- **Ideas:** antes de empezar con el taller debemos saber si ya contamos con ideas previas sobre el problema a resolver, es decir, si se han realizado sesiones anteriores a esta para saber qué ideas surgieron anteriormente o si se parte de cero.

- **Foco:** como hemos visto anteriormente, el foco nos indica si el desafío de diseño que vas a acometer está abierto (muy ambiguo o poco definido) o está cerrado (es más concreto, aunque no del todo).

Foco
el desafío de diseño
está muy abierto

2. Sesión de alineamiento

4. Cocreación

Ideas
no hay ideas previas

Ideas
hay ideas previas

1. Sesión de primeras ideas

3. Sesión disruptiva

Foco
el desafío de diseño
está muy cerrado

EXPLICACIÓN DE CADA DINÁMICA

Una vez seleccionada la dinámica que se adapte mejor según las variables, el foco y si se han generado ideas previas antes del taller, vamos a explicar la dinámica a través de las plantillas de trabajo para que su uso te sea más sencillo.

1.	**2.**
SESIONES DE PRIMERAS IDEAS	**SESIONES DE ALINEAMIENTO**
Foco cerrado – No hay ideas previas	Foco abierto – No hay ideas previas
Herramientas	**Herramientas**
5 porqués ....pág. 102	IN/OUT ....pág. 90
Brainstorming ....pág. 126	*Brainwall*..................pág. 98
Hibridación/Traslación ..pág. 130	5 porqués ....pág. 102
Hibridación/Síntesis ...pág. 134	Persona...................pág. 110
Selección de ideas...pág. 142	*Point of view* ....pág. 118
Ficha concepto ....pág. 150	*Brainstorming* ....pág. 126
	Hibridación/Traslación ..pág. 130
	Ficha concepto ....pág. 150

Recuerda que al lado de cada plantilla te indicamos la página donde la puedes encontrar para una mayor profundización y para que luego sea más fácil aplicarla a la dinamización.

<table>
<tr>
<td>

3.
SESIÓN DISRUPTIVA

Foco cerrado
–
No hay ideas previas

Herramientas

Brainwall..................pág. 98

What if ....pág. 138

Hibridación/Traslación ..pág. 130

Hibridación/Síntesis ...pág. 134

Selección de ideas...pág. 142

Ficha concepto ....pág. 150

</td>
<td>

4.
SESIONES DE COCREACIÓN

Foco abierto
–
Hay ideas previas

Herramientas

Brainwall ....pág. 98

5 porqués ....pág. 102

Selección de ideas....pág. 142

Ficha concepto ....pág. 150

Storyboard* ....pág. 146

* Hacerlo por cada idea seleccionada.

</td>
</tr>
</table>

1. SESIÓN DE PRIMERAS IDEAS

Foco cerrado

No hay ideas previas

Empezamos con los **5 porqués,** como método de calentamiento con el equipo, y nos alineamos para entender por qué queremos resolver el problema. Seguidamente, con *Brainstorming* trataremos de sacar todas las ideas preconcebidas que tengan los participantes para dejarlos en blanco. A partir de ahí, utilizamos las técnicas de **Hibridación de traslación** copiando otros sectores y soluciones, y después emplearemos la **Hibridación por síntesis** para inspirarnos en otros elementos ajenos a nuestra empresa. Cuando tengamos todas las ideas es recomendable hacer islas de ideas y ponerles un título. Con **Selección de ideas** definiremos criterios de selección para entender qué soluciones nos interesan más. Y por último, como cierre, generaremos las **Fichas de concepto** para consolidar más las ideas seleccionadas. El número de fichas dependerá del tiempo que tengamos para realizar el taller.

2. SESIÓN DE ALINEAMIENTO

Foco abierto

No hay ideas previas

Alinearemos y gestionaremos las expectativas utilizando **IN/OUT,** para ver qué queremos y no queremos de este reto. Con **Brainwall** planteamos preguntas abiertas sobre lo que nos preocupa o sobre problemáticas del reto; sobre ello clusterizamos. Tras *Brainwall* votamos qué es lo que más nos interesa resolver, y para profundizar utilizamos los **5 porqués.** Concretaremos al usuario ayudándonos de la herramienta **Persona,** para obtener las necesidades. A continuación, con el ***Point of view,*** trataremos de entender los porqués de esas necesidades. Teniendo ya establecidas las necesidades del usuario y los porqués, generaremos unas primeras ideas con el ***Brainstorming*** de modo que eliminemos todas las ideas preconcebidas que tengan los participantes y los dejemos en blanco. Para forzar más las ideas de las que queremos partir utilizaremos la **Hibridación por traslación,** copiando las soluciones de otros sectores. Cuando tengamos todas las ideas es recomendable hacer islas de ideas y ponerles un título. Con **Selección de ideas** definimos criterios de selección para entender qué soluciones nos interesan más. Como cierre, generamos las **Fichas de concepto,** con las que consolidaremos las ideas seleccionadas. El número de fichas dependerá del tiempo que tengamos en el taller.

3. SESIÓN DISRUPTIVA

Foco cerrado

Hay ideas previas

Para ver con qué ideas o conceptos previos contamos, utilizaremos el *Brainwall,* de modo que todos vayan sacando las ideas previas que ya tenían en mente o que ya se desarrollaron para este reto; si hay demasiadas soluciones podemos clusterizar y agrupar las ideas. Con la herramienta *What if* vamos a tratar de romper los clichés de nuestro reto, en concreto de las ideas previas que tenemos. Para ir más allá, usaremos las técnicas de **Hibridación de traslación,** copiando las soluciones propuestas por otros sectores. A continuación, pondremos en práctica la **Hibridación por síntesis** para inspirarnos en otros elementos ajenos a nuestra empresa. Cuando tengamos todas las ideas es recomendable hacer islas de ideas y ponerles un título. Con **Selección de ideas** definiremos los criterios de selección para entender qué soluciones nos interesan más. Como cierre, para consolidar las ideas seleccionadas, generamos las **Fichas de concepto.** El número de fichas dependerá del tiempo del que disponemos en el taller.

4. SESIÓN DE COCREACIÓN

Foco abierto

Hay ideas previas

Para ver con qué ideas o conceptos previos contamos, utilizaremos el ***Brainwall*** a fin de que todos vayan sacando las ideas previas que ya tenían en mente o que ya se desarrollaron para este reto; si hay demasiadas soluciones podemos clusterizar y agrupar las ideas. Aplicaremos los **5 porqués sobre estas ideas** para entender sus orígenes. ¿A qué se deben esas ideas? ¿Por qué aún no se han desarrollado? Tras el debate con **selección de ideas** definiremos los criterios de selección para entender qué soluciones nos interesan más. Después generamos las **Fichas de concepto** para consolidar las ideas seleccionadas. El número de fichas dependerá del tiempo que tengamos en el taller. Sobre cada ficha realizaremos un ***Storyboard*** para concretar aún más el concepto y contarlo a modo de historia.

PLANTILLAS DE TRABAJO

A continuación, te dejamos una serie de plantillas donde profundizaremos su modo de uso:

- *DAFO*
- *IN/OUT*
- Análogos/Antílogos
- *Brainwall*
- 5 porqués
- Mapa de *stakeholders*
- Persona
- Mapa de empatía
- *Point of view*
- Desafío de diseño
- *Brainstorming*
- Hibridación/Traslación
- Hibridación/Síntesis
- *What if*
- Selección de ideas
- Ficha de concepto
- *Storyboard*

DAFO

Etapa **Crear** > Fase **Mapear** (Empresa)

DEBILIDADES

FORTALEZAS

1

2

Situación interna

Situación externa

AMENAZAS

OPORTUNIDADES

3

4

Proyecto:

Fecha:

¿Qué es?

Análisis de la situación estratégica de una empresa o un proyecto que detalla sus debilidades y fortalezas internas, así como las amenazas y oportunidades en relación con otros actores en el mercado al cual se dirige la solución que proponemos.

Modo de uso

Consta de tres pasos:

Análisis externo: mirar más allá de lo establecido (*think out of the box*).

Análisis interno: reflexionar sobre nosotros mismos.

Confección de la matriz DAFO (Debilidades, Amenazas, Fortalezas, Oportunidades).

Objetivo

Obtener un diagnóstico rápido de nuestra empresa y su situación para hacer frente al reto establecido.

Aplicación

1. Atributos de los que carece la empresa, en los que es inferior a la competencia o aquellos en los que se puede mejorar.

2. Atributos que le permiten generar una ventaja competitiva sobre el resto de sus competidores.

3. Elementos que pueden poner en peligro la supervivencia de la empresa o, en menor medida, afectar a nuestra cuota de mercado.

4. Factores positivos y con posibilidad de ser explotados por parte de la empresa.

DAFO

DEBILIDADES

Entes muy cerrados

Poca interacción más allá de su sector

Poca visibilidad

Dificultad para atraer nuevos voluntarios

Nula escalabilidad

AMENAZAS

Diseñado por **Dothink Lab** ©
www.dothinklab.com

Etapa **Crear** > Fase **Mapear** (Empresa)

FORTALEZAS

Control total
de la gestión

Auto-
organizadas

Adaptables al
cambio

Más cercanos
y localistas

Rapidez y
flexibilidad
respecto a las
grandes ONG

Ofrecer
voluntariado
«diferente»

OPORTUNIDADES

Fecha:

Proyecto:

IN/OUT

Etapa **Crear** > Fase **Mapear** (Empresa)

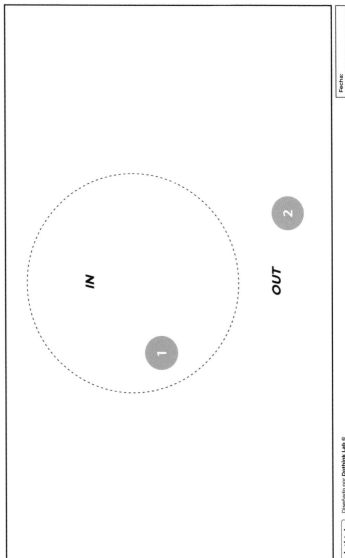

Fecha:

Proyecto:

¿Qué es?

Herramienta para determinar y consensuar los límites del proyecto. En concreto qué queremos dejar dentro y qué queremos dejar fuera del proyecto.

Modo de uso

Cada miembro del equipo ubica en la plantilla todas las ideas que le parezcan pertinentes (una idea por pósit) de lo queda dentro y de lo que queda fuera.

Objetivo

Fijar el alcance del reto y reflexionar sobre las posibilidades de asumirlo como equipo o incluso sobre el cómo conseguirlo.

La herramienta nos debe ayudar a visualizar como equipo qué queremos trabajar y dónde ponemos el foco.

Aplicación

1. Escribe qué cosas se quedan dentro del proyecto.

2. Escribe qué cosas se quedan fuera.

IN/OUT

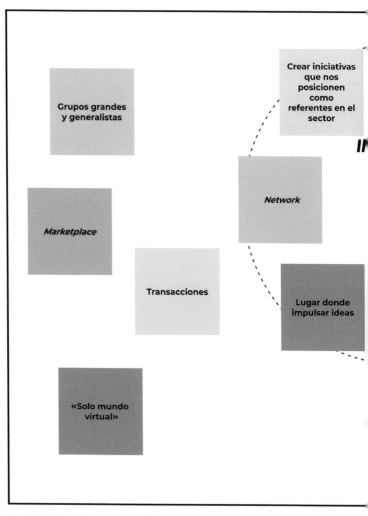

Grupos grandes y generalistas

Crear iniciativas que nos posicionen como referentes en el sector

IN

Network

Marketplace

Transacciones

Lugar donde impulsar ideas

«Solo mundo virtual»

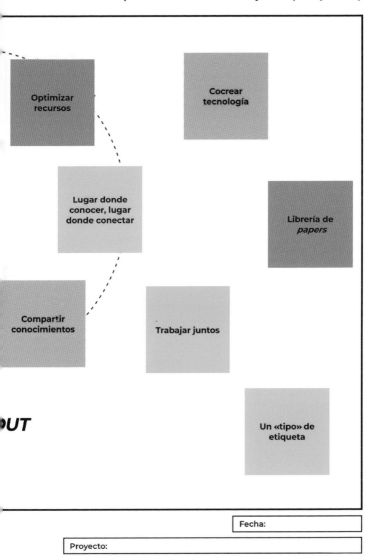

Optimizar recursos

Cocrear tecnología

Lugar donde conocer, lugar donde conectar

Librería de *papers*

Compartir conocimientos

Trabajar juntos

UT

Un «tipo» de etiqueta

Fecha:

Proyecto:

Análogos/Antílogos

Etapa **Crear** > Fase **Mapear** (Empresa)

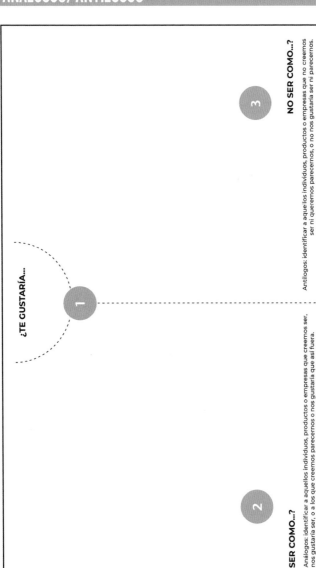

¿TE GUSTARÍA...

1

SER COMO...?

Análogos: identificar a aquellos individuos, productos o empresas que creemos ser, nos gustaría ser, o a los que creemos parecernos o nos gustaría que así fuera.

2

NO SER COMO...?

Antílogos: identificar a aquellos individuos, productos o empresas que no creemos ser ni queremos parecernos, o no nos gustaría ser ni parecernos.

3

Fecha:

Proyecto:

¿Qué es?

El objetivo es comprender nuestro contexto actual y futuro con la ayuda de una comparación metafórica con agentes del mismo sector o de otros que sean diferentes al nuestro.

¿Cómo se hace?

Análogos: el conjunto de individuos, productos o empresas a las que nos parecemos o a las que nos gustaría parecernos.

Antílogos: todos aquellos individuos, productos o empresas a las que no nos parecemos ni nos gustaría parecernos.

Objetivo

Entender quiénes somos, comparándonos con otros, o trazar una línea que delimite lo que no queremos ser.

Aplicación

1. Coloca sobre qué temática estamos hablando.

2. Qué cosas te gustaría ser.

3. Qué cosas no te gustaría ser.

Análogos/Antílogos

¿TE GU

Nike (en la personalización del producto)

Tienda de ultramarinos (ser una tienda de toda la vida en el barrio)

Tú MADRE (en la atención y los cuidados)

SER COMO...?

Análogos: identificar a aquellos individuos, productos o empresas que creemos ser, nos gustaría ser, a los que creemos parecernos o nos gustaría que así fuera.

ARÍA...

Soy una
empresa de
telefonía

FAST FOOD
(muy estándar y
poco calidad)

SPAM (molestar y
aparecer sin que
me llamen)

Parque de
atracciones
(muchas colas
para disfrutar de
cualquier cosa)

NO SER COMO...?

Antílogos: identificar a aquellos individuos, productos o empresas que NO creemos
ser ni queremos parecernos, o NO nos gustaría ser ni parecernos.

Fecha:

Proyecto:

Brainwall

Etapa **Crear** > Fase **Mapear** (Empresa)

Coloca aquí todo lo que sepas o te preocupa sobre el tema en cuestión, después organiza los elementos para encontrar temáticas.

1

2

3

Proyecto:

Fecha:

Es una forma visual para compartir todo el conocimiento que tiene el equipo sobre el reto o tema que tratamos.

Modo de uso

Plantea una pregunta en abierto sobre el tema a tratar; cada participante escribirá lo que sabe y conoce. Cuando haya un volumen de información comienza a crear «islas» de pósits para ordenar la información. Trata de nombrar estas «islas» para que sea más fácil de entender por el grupo.

Objetivo

Volcar todo el conocimiento que tenemos como equipo sobre la pregunta/tema lanzado para visualizar toda la información de forma sencilla y esquemática.

Otro objetivo es evidenciar tanto lo que sabemos como lo que creemos saber y desconocemos.

Aplicación

1. Haz la pregunta que quieres abordar; trata de que sea abierta.

2. Cada participante debe poner lo que sabe de esa pregunta. Aquí es importante pedir a las personas que no repitan información.

3. Hacer islas con términos en común y ponerles nombre.

Brainwall

Coloca aquí todo lo que sepas o te preocupa sobre el tema

Penalizar el fallo

Intolerancia al fracaso

Falta de apoyo real

Penalizar el fallo

Zona de confort

Comodidad

No querer ver la necesidad de cambiar

Tamaño

Mentes más abiertas

Legacy

Silos

Mala arquitectura del sistema

Falta de comunicación

Tiempo para pensa

Miedo a equivocarse

Sistemas obsoletos

Falta de *quality time* para innovar

Diseñado por **Dothink Lab** ©
www.dothinklab.com

estión, después organiza los elementos para encontrar temáticas.

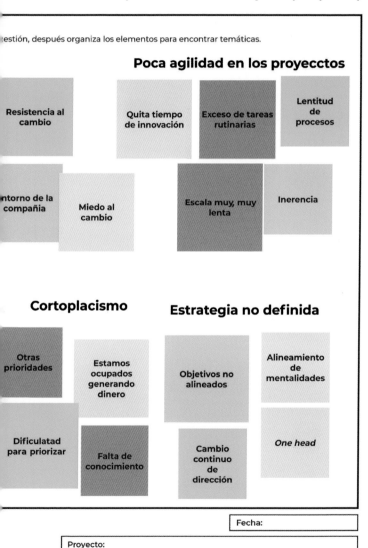

Poca agilidad en los proyecctos

Resistencia al cambio

Quita tiempo de innovación

Exceso de tareas rutinarias

Lentitud de procesos

ntorno de la compañia

Miedo al cambio

Escala muy, muy lenta

Inerencia

Cortoplacismo

Estrategia no definida

Otras prioridades

Estamos ocupados generando dinero

Objetivos no alineados

Alineamiento de mentalidades

Dificulatad para priorizar

Falta de conocimiento

Cambio continuo de dirección

One head

Fecha:

Proyecto:

5 porqués

El método de los 5 porqués (5 Whys) fue desarrollado originariamente por Sakichi Toyoda, inventor y fundador de Toyota Industries.

Etapa **Crear** > Fase **Mapear** (Empresa)

1. ¿POR QUÉ...

2. ¿POR QUÉ...

3. ¿POR QUÉ...

4. ¿POR QUÉ...

5. ¿POR QUÉ...

CONCLUSIÓN

1

2

3

4

Fecha:

Proyecto:

¿Qué es?

Es una herramienta que nos permite llegar al origen de un problema de forma rápida y directa.

Modo de uso

Consiste en plantear un problema o cuestión sin antecedentes claros, y pasarlo por el filtro de los «5 porqués». Repetiremos estas preguntas con la finalidad de hacer evidente la causa que ha originado el problema o la cuestión determinada, lo que facilitará su comprensión. Las casillas siguen una lógica encadenada, de manera que la respuesta del porqué anterior es la pregunta para la siguiente celda.

Objetivo

Alinear al equipo en la casuística profunda por la que están en la sesión. La conclusión sirve para saber fijar el objetivo que busca la solución o propuesta que surja.

Aplicación

1. Piensa por qué crees que es doloroso el problema que quieres resolver, el problema que afecta a tu usuario. Tras ello, responde al primer porqué.

2. Después de responder, coge esta respuesta y replantéala con un ¿por qué + respuesta 1?

3. Repite esta fórmula hasta cinco veces: ¿Por qué + respuesta anterior?

4. Al ver los porqués, genera las conclusiones que observaste para entender el problema de manera más profunda.

5 porqués

1. ¿POR QUÉ...

... necesitamos cambiar la percepción del cliente?

2. ¿POR QUÉ...

... nuestro cliente tiene una percepción negativa?

4. ¿POR QUÉ...

... no tenemos las habilidades comunicativas necesarias?

... no tenemos un conocimiento de negocio próximo al cliente?

5. ¿POR QUÉ...

3. ¿POR QUÉ...

... estéticamente tienen un aspecto anticuado?

... no somos capaces de hablar de la ventaja de negocio sino de tecnología?

... siente que nuestros productos están desactualizados?

CONCLUSIÓN

... hemos trabajado desde nuestro punto de vista con una premisa de lo que quiere el cliente?

Necesitamos un idioma común para empoderar al cliente y a nosotros mismos

Fecha:

Proyecto:

MAPA DE *STAKEHOLDERS*

Etapa **Crear** > Fase **Mapear** (Cliente)

Mapa de *stakeholders*

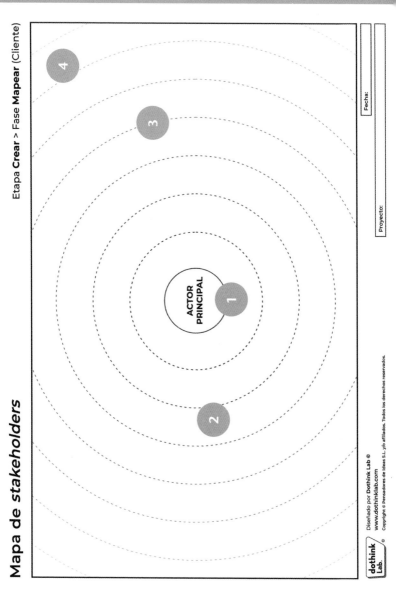

Fecha:

Proyecto:

dothink Lab. ®

Diseñado por **Dothink Lab** ©
www.dothinklab.com
Copyright © Pensadores de Ideas S.L. y/o afiliados. Todos los derechos reservados.

106

¿Qué es?

Es un mapa mental de posibles grupos de interés objetivo del proyecto priorizados según su implicación o relevancia directa e indirecta sobre nuestra empresa, proyecto o problema.

Modo de uso

Primero, planteamos en el mapa todos aquellos grupos de interés que podrían ser parte del estudio posterior; es decir, todos aquellos relacionados con el objetivo del proyecto. En base al contexto del proyecto, vamos priorizándolos, situando al objeto principal de estudio y foco de trabajo en el epicentro del mapa. A tal fin, podemos tomar criterios para dibujar su posicionamiento en el mapa, entre los que destacamos: la capacidad de decisión, el impacto en cuentas de resultados, el dolor real, etc.

Objetivo

Visualizar todos los agentes que hay alrededor de nuestro proyecto para escoger más tarde un usuario sobre el que profundizar.

Aplicación

Tras visualizar todos los posibles grupos de interés puestos de forma desordenada sobre el mapa, procedemos a categorizar los mismos:

1. Poner en el centro el objeto de estudio, es decir, aquellos grupos de mayor relevancia para el proyecto. Generalmente comenzamos con uno de ellos.

2. Poner el resto de los entes/actores y decidir cuán alejados están de él.

3. Usar colores diferentes por cada tipología de sector o usuario.

4. Esta herramienta nos ayuda a tomar decisiones, así como a visualizar dónde estamos actualmente, y definir si el proyecto que queremos trabajar es el más cercano o el más alejado de nuestro objetivo. Depende de nosotros.

Mapa de *stakeholders*

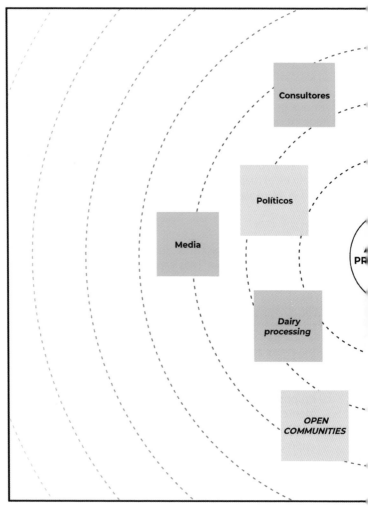

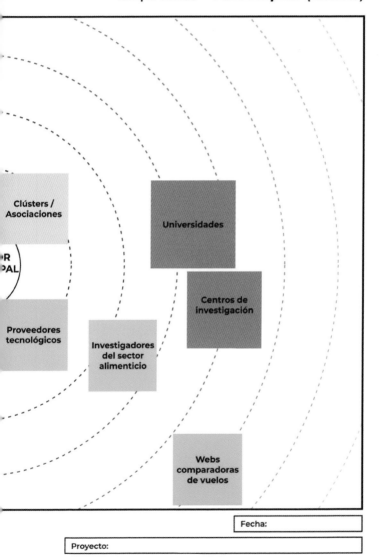

Clústers / Asociaciones

Universidades

R
PAL

Centros de investigación

Proveedores tecnológicos

Investigadores del sector alimenticio

Webs comparadoras de vuelos

Fecha:

Proyecto:

Persona

Etapa **Crear** > Fase **Mapear** (Cliente)

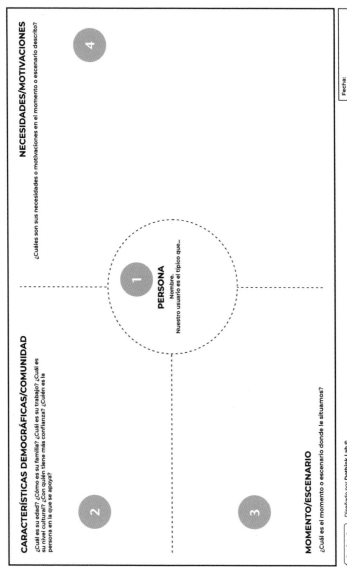

CARACTERÍSTICAS DEMOGRÁFICAS/COMUNIDAD

¿Cuál es su edad? ¿Cómo es su familia? ¿Cuál es su trabajo? ¿Cuál es su nivel cultural? ¿Con quién tiene más confianza? ¿Cuién es la persona en la que se apoya?

2

NECESIDADES/MOTIVACIONES

¿Cuáles son sus necesidades o motivaciones en el momento o escenario descrito?

4

1

PERSONA

Nombre.
Nuestro usuario es el típico que...

MOMENTO/ESCENARIO

¿Cuál es el momento o escenario donde le situamos?

3

Proyecto:

Fecha:

¿Qué es?

Consiste en la creación de un arquetipo de nuestro usuario *target* para tener una visualización más personal y profunda acerca de quién es.

Modo de uso

Sobre este *canvas* debemos volcar sus motivaciones, el contexto en el que vive, su ocupación, preocupaciones y/o preferencias sobre la temática a tratar.

Objetivo

Definimos así un personaje de síntesis que nos ayuda a caracterizar y entender mejor a nuestro usuario.

Aplicación

1. Piensa en la primera persona que creas que es tu usuario y colócale un nombre. Importante: coloca la «tipología usuario». Esto nos ayudará a visualizarlo rápidamente.

2. Describe cómo es este usuario y explica un poco cómo es su vida.

3. Elige dónde quieres situarlo.

   ¡Importante! El MOMENTO es el contexto. Por ejemplo: «La alimentación»; el ESCENARIO es el lugar físico. Por ejemplo: «Restaurante».

4. En base a la persona, al momento y escenario que has seleccionado, coloca las necesidades que tiene y cuáles crees que son sus motivaciones.

Persona

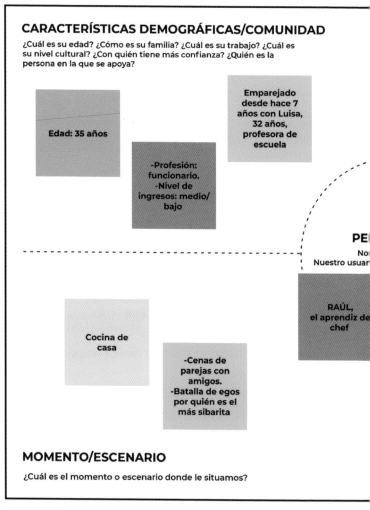

CARACTERÍSTICAS DEMOGRÁFICAS/COMUNIDAD

¿Cuál es su edad? ¿Cómo es su familia? ¿Cuál es su trabajo? ¿Cuál es su nivel cultural? ¿Con quién tiene más confianza? ¿Quién es la persona en la que se apoya?

Edad: 35 años

Emparejado desde hace 7 años con Luisa, 32 años, profesora de escuela

-Profesión: funcionario.
-Nivel de ingresos: medio/bajo

PE
No
Nuestro usuar

RAÚL,
el aprendiz de chef

Cocina de casa

-Cenas de parejas con amigos.
-Batalla de egos por quién es el más sibarita

MOMENTO/ESCENARIO

¿Cuál es el momento o escenario donde le situamos?

NECESIDADES/MOTIVACIONES

¿Cuáles son sus necesidades o motivaciones en el momento o escenario descrito?

-No perder mucho tiempo en elaboraciones.
-Ahorrar tiempo.

«Necesito algo que sea fácil de cocinar y parezca muy elaborado»

Aprender algo nuevo en la cocina

Platos complejos, pero de mala ejecución técnica

ONA

re.
s el típico que...

Sorprender a sus comensales

«Me gusta conocer en la cocina cosas nuevas para enseñárselas a mi pareja. Es nuestro *hobby* compartido»

Demostrar que se puede desenvolver solo en la cocina

Probar platos nuevos

Fecha:

Proyecto:

Mapa de empatía

Etapa **Crear** > Fase **Mapear** (Cliente)

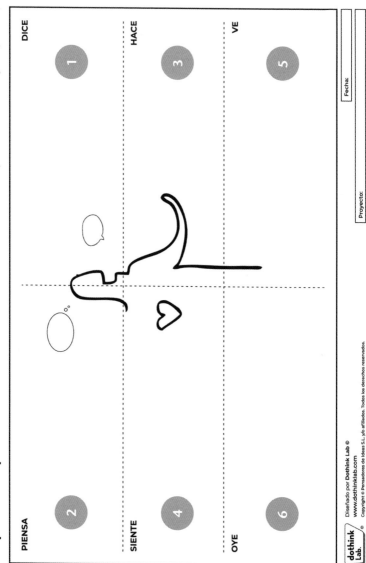

DICE
1

PIENSA
2

HACE
3

SIENTE
4

VE
5

OYE
6

Proyecto:

Fecha:

¿Qué es?

Es la síntesis de los aspectos emocionales y racionales de nuestro usuario. Una herramienta que ayuda a estudiar y visualizar tanto sus actos como sus sentimientos, teniendo en cuenta su punto de vista respecto al objeto que estamos investigando.

Modo de uso

Para meternos en la piel de nuestro usuario debemos responder a estas preguntas, de acuerdo con el tema que tratamos:

¿Qué dice y piensa?

¿Qué hace y qué siente?

¿Qué ve y qué oye?

Objetivo

Entender en profundidad a nuestro usuario, para así más tarde dibujar su *customer journey* y detectar las necesidades profundas que deban ser resueltas.

Aplicación

1. ¿Qué dice nuestro usuario? Cosas que manifieste verbalmente.

2. En función de lo que dice, ¿qué crees que está pensado?

3. Sobre lo que dice y piensa ¿qué crees que hace para mitigar su dolor?

4. Sobre lo que hace, ¿cómo crees que se siente?

5. ¿Qué está viendo de su entorno? No hablamos de creencias; «él» lo ha visto. ¿Qué lo mueve a decir o a hacer determinadas cosas?

6. ¿Cuáles son los rumores que está oyendo? ¿Qué pensamientos o sentimientos le despiertan?

Mapa de empatía

PIENSA

«Estoy muy solo, esto es muy duro y nadie te lo pone fácil»

«Yo solo quiero hablar, y cuantos más minutos me den, mejor»

«Me gustaría un buen móvil, pero yo no puedo hacer un contrato, el papeleo es una barrera»

SIENTE

«En el locutorio para mí es más familiar, en tiendas grandes el de seguridad nada más entrar te está mirando»

«Las tiendas en el barrio son más accesibles y siempre están ahí»

«Tener un número en España es vital, mis nuevos amigos son mi nueva familia»

OYE

Ir junto con alguien que le recomienda una tarifa que ya usa

«En la tienda de barrio hablan mi idioma»

Diseñado por **Dothink Lab** ©
www.dothinklab.com

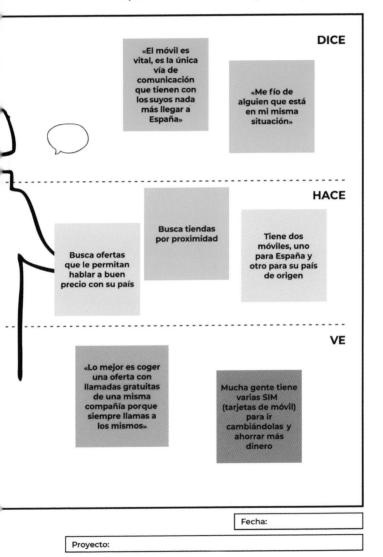

DICE

«El móvil es vital, es la única vía de comunicación que tienen con los suyos nada más llegar a España»

«Me fío de alguien que está en mi misma situación»

HACE

Busca tiendas por proximidad

Busca ofertas que le permitan hablar a buen precio con su país

Tiene dos móviles, uno para España y otro para su país de origen

VE

«Lo mejor es coger una oferta con llamadas gratuitas de una misma compañía porque siempre llama a los mismos»

Mucha gente tiene varias SIM (tarjetas de móvil) para ir cambiándolas y ahorrar más dinero

Fecha:

Proyecto:

Point of view

Etapa **Crear** > Fase **Explorar** (Síntesis)

USUARIO (1)

NECESITA

Necesidad A

Necesidad B (2)

Necesidad C

Necesidad D

PORQUE

Insights A — Desafío A (3)

Insights B — Desafío B

Insights C — Desafío C

Insights D — Desafío D

Proyecto:

Fecha:

¿Qué es?

Un punto de vista (POV) es el planteamiento de reto de diseño en una «exposición del problema» de acuerdo con la persona (usuario objeto) previa a la ideación.

Modo de uso

Coloca las necesidades que creas más relevantes por orden de importancia para luego, según lo que plasmaste en el mapa de empatía, poner el porqué.

Objetivo

Entender y visualizar el porqué de sus necesidades para tener un punto final sobre el que plantear soluciones coherentes.

Aplicación

1. Coloca a tu usuario.

2. Pon las cuatro necesidades más destacables que hayas observado y colócalas por orden de importancia, de mayor a menor.

3. Una vez puestas las necesidades, debes colocar el porqué. Cuanto más detallado, más profundo será el análisis, de modo que no te quede algo demasiado genérico.

Point of view

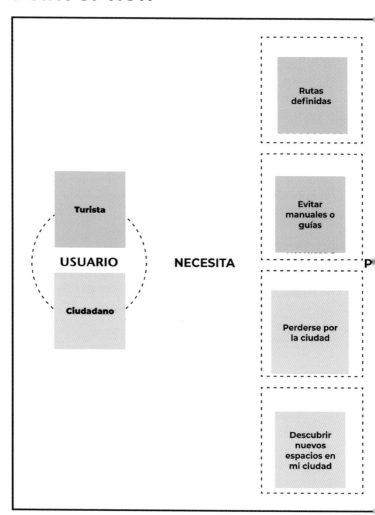

Etapa **Crear** > Fase **Explorar** (Síntesis)

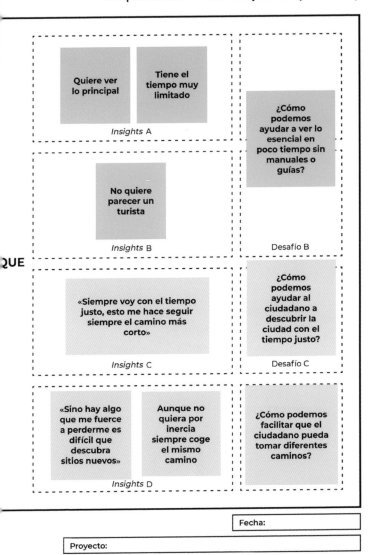

QUE

Quiere ver lo principal

Tiene el tiempo muy limitado

Insights A

¿Cómo podemos ayudar a ver lo esencial en poco tiempo sin manuales o guías?

No quiere parecer un turista

Insights B

Desafío B

«Siempre voy con el tiempo justo, esto me hace seguir siempre el camino más corto»

Insights C

¿Cómo podemos ayudar al ciudadano a descubrir la ciudad con el tiempo justo?

Desafío C

«Sino hay algo que me fuerce a perderme es difícil que descubra sitios nuevos»

Aunque no quiera por inercia siempre coge el mismo camino

Insights D

¿Cómo podemos facilitar que el ciudadano pueda tomar diferentes caminos?

Fecha:

Proyecto:

Desafío de diseño

Etapa **Crear** > Fase **Explorar** (Síntesis)

¿CÓMO PODRÍA...

NECESIDAD

1

DOLOR

2

GANANCIA

3

DESAFÍO

1

Diseñado por **Dothink Lab** ®
www.dothinklab.com

Fecha:

Proyecto:

**dothink
Lab.** ®

¿Qué es?

El Desafío de diseño debe recoger cuestiones breves y directas que, una vez planteadas, estimulen la generación de ideas (*brainstorms*).

Modo de uso

Debemos tratar de formular preguntas que ayuden a la generación de soluciones durante el proceso creativo.

Generalmente empleamos la frase «¿CÓMO PODRÍA...?» para empatizar con nuestro problema y retarnos a solucionarlo. La pregunta no debe ser ni demasiado concisa (solución evidente), ni demasiado amplia (pérdida del foco).

Objetivo

Alinear al equipo frente al reto a resolver para generar ideas enfocadas al problema planteado.

Aplicación

1. Cuáles son las necesidades de nuestro usuario respecto a nuestra temática de estudio.

2. Qué es lo que más le duele y supone un problema para él.

3. Qué ganaría él si sus dolores estuvieran solucionados.

4. Plantea un desafío que empiece por: ¿cómo podría (quitarle el dolor) para que (incluir la ganancia)?

Desafío de diseño

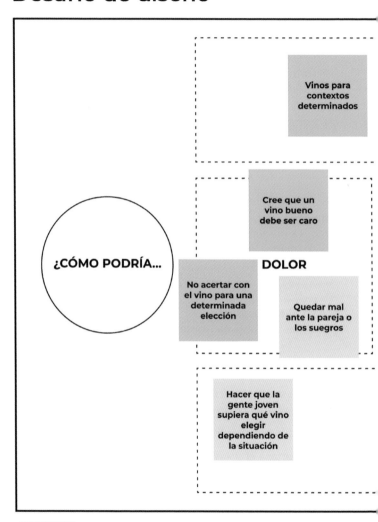

¿CÓMO PODRÍA...

Vinos para contextos determinados

Cree que un vino bueno debe ser caro

DOLOR

No acertar con el vino para una determinada elección

Quedar mal ante la pareja o los suegros

Hacer que la gente joven supiera qué vino elegir dependiendo de la situación

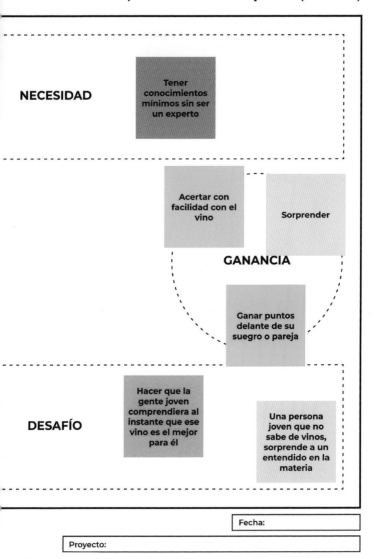

¿Qué es?

¡Lluvia de ideas! El objetivo es recoger el mayor número posible de ideas sobre el reto que nos planteamos.

Modo de uso

Primero, definimos el problema y la persona sobre la que se va a realizar el ejercicio. Debemos focalizar y ser concisos para sacar el máximo provecho de este ejercicio.

Podemos ayudarnos de pósits y rotuladores para que las ideas se expliquen brevemente y se puedan colgar en una pared o panel. Buscamos que haya el máximo de interacción posible entre los asistentes, así que lo ideal sería que la sesión se desarrollara de pie.

Objetivo

Generar un aluvión de ideas que ofrezcan el mayor número posible de respuestas a nuestro planteamiento.

Aplicación

- Reglas básicas:
- Una conversación cada vez.
- Prevalece la cantidad sobre la calidad de las ideas.
- Construir también sobre las ideas que proponen los demás miembros del grupo.
- Promover las ideas alocadas.
- Ser visuales.
- Mantener el foco.
- Aplazar el juicio. No bloqueemos.

Brainstorming

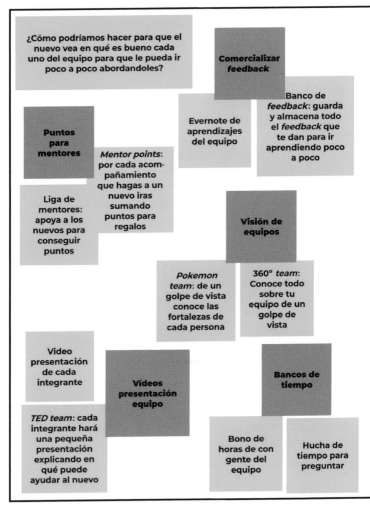

¿Cómo podríamos hacer para que el nuevo vea en qué es bueno cada uno del equipo para que le pueda ir poco a poco abordandoles?

Comercializar *feedback*

Banco de *feedback*: guarda y almacena todo el *feedback* que te dan para ir aprendiendo poco a poco

Evernote de aprendizajes del equipo

Puntos para mentores

Mentor points: por cada acompañamiento que hagas a un nuevo iras sumando puntos para regalos

Liga de mentores: apoya a los nuevos para conseguir puntos

Visión de equipos

Pokemon team: de un golpe de vista conoce las fortalezas de cada persona

360° team: Conoce todo sobre tu equipo de un golpe de vista

Video presentación de cada integrante

Vídeos presentación equipo

Bancos de tiempo

TED team: cada integrante hará una pequeña presentación explicando en qué puede ayudar al nuevo

Bono de horas de con gente del equipo

Hucha de tiempo para preguntar

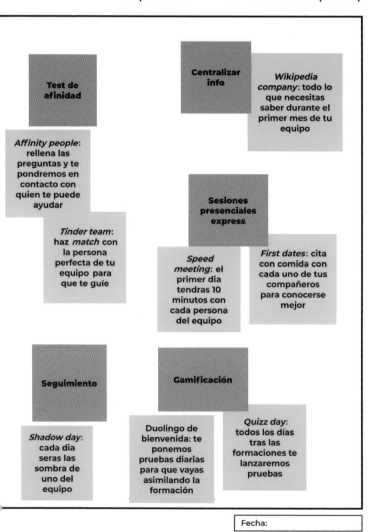

Test de afinidad

Centralizar info

Wikipedia company: todo lo que necesitas saber durante el primer mes de tu equipo

Affinity people: rellena las preguntas y te pondremos en contacto con quien te puede ayudar

Tinder team: haz *match* con la persona perfecta de tu equipo para que te guíe

Sesiones presenciales express

Speed meeting: el primer dia tendras 10 minutos con cada persona del equipo

First dates: cita con comida con cada uno de tus compañeros para conocerse mejor

Seguimiento

Gamificación

Shadow day: cada dia seras las sombra de uno del equipo

Duolingo de bienvenida: te ponemos pruebas diarias para que vayas asimilando la formación

Quizz day: todos los días tras las formaciones te lanzaremos pruebas

Fecha:

Proyecto:

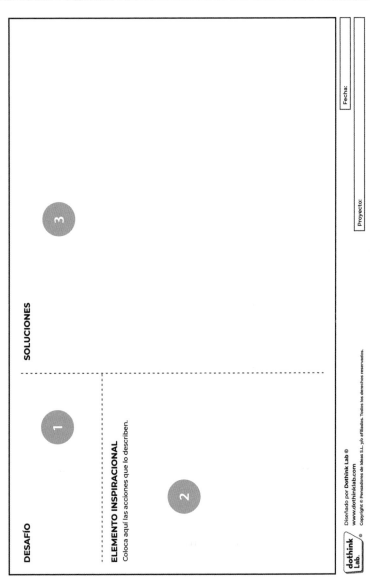

Hibridación/Traslación

Etapa **Crear** > Fase **Construir** (Idear)

DESAFÍO

1

SOLUCIONES

3

ELEMENTO INSPIRACIONAL
Coloca aquí las acciones que lo describen.

2

Proyecto:

Fecha:

¿Qué es?

Técnica de creatividad que nos ayuda a generar relaciones forzosas con elementos ajenos a nuestro reto/sector para el nacimiento de nuevas ideas.

Modo de uso

Pon el foco en el desafío que quieres resolver y escoge un elemento que no tenga nada que ver (puede ser una empresa, una solución ya existente, una profesión…).

Ahora describe cómo «funciona» ese elemento, y cuando tengas un listado coge una a una esas funcionalidades y trata de resolver el desafío desde esa perspectiva.

Cuanto más difícil de conectar, más disruptiva será la idea.

Objetivo

Pensar ideas más allá del *brainstorming* para encontrar caminos poco explorados.

Aplicación

1. Escribe tu desafío o el foco de trabajo.

2. Escoge el elemento y describe cómo funciona. Recuerda: expresa el concepto por medio de oraciones, no con simples palabras sueltas.

3. Ve conectando las funcionalidades de tu elemento con el desafío para ir encontrando nuevos conceptos.

Hibridación / Traslación

DESAFÍO

¿Cómo podemos crear experiencias de viaje personalizadas para empaparse de la cultura local?

SOLUCIONE

ELEMENTO INSPIRACIONAL

Coloca aquí las acciones que lo describen.

TINDER

Conectarte con personas afines a ti

Geolocalización de personas cercanas a ti

Solo puedes hacer un número limitado de *likes* al día

Tinder grupos para tener más opciones en una cita

Sencillez de elección: opción de 1 en 1 con el formato izquierda (no) y derecha *(like)*

Match y *Super Match* para poder elegir tú, sin necesidad de que te elijan

Conectarte con personas afines a ti

CONCEPTO 1:
Mostrarte los intereses de otras personas para que puedas encontrar gente con la que compartir tus actividades

Tinder grupos para tener más opciones en una cita

CONCEPTO 2:
Viaja en grupo con personas con intereses similares

Match y *Super Match* para poder elegir tú, sin necesidad de que te elijan

CONCEPTO 3:
Haz *Match* o *Super Match* con el viaje que más encaja contigo según los datos que tú has dado, te recomienda por opciones

CONCEPTO 6:
Catálogo interactivo de paquetes de viajes, ves el trailer y puedes hacer *match*

CONCEPTO 4:
Conoce a gente del lugar que te pueda hacer de guía

Conectarte con personas afines a ti

Geolocalización de personas cercanas a ti

CONCEPTO 5:
Intercambio: vive la vida de alguien con quien conectas durante un tiempo y después que esa persona viva la tuya

Sencillez de elección: opción de 1 en 1 con el formato izquierda (no) y derecha (*like*)

Fecha:

Proyecto:

Hibridación/Síntesis

Etapa **Crear** > Fase **Construir** (Idear)

DESAFÍO

1

SOLUCIONES

3

ELEMENTO INSPIRACIONAL
¿Qué te sugiere este elemento?

2

dothink Lab.

Fecha:

Proyecto:

¿Qué es?

Técnica de creatividad que nos ayuda a crear relaciones forzosas con elementos ajenos a nuestro reto/sector para generar nuevas ideas.

Modo de uso

Pon el foco en el desafío que quieres resolver y escoge un elemento que no tenga nada que ver (puede ser una empresa, una solución ya existente, una profesión…).

Ahora describe qué te inspira, qué te sugiere y por qué. Con esos significados trata de encontrar una conexión con tu desafío.

Objetivo

Pensar ideas más allá del *brainstorming* para encontrar caminos poco explorados.

Aplicación

1. Escribe tu desafío o el foco de trabajo.

2. Escoge el elemento y explica qué te inspira ese término y por qué. Recuerda, exprésate por medio de oraciones, no con palabras sueltas.

3. Ve conectando los significados de tu elemento con el desafío para ir encontrando nuevos conceptos.

Hibridación / Síntesis

DESAFÍO

¿Cómo podemos crear experiencias de viaje personalizadas para empaparse de la cultura local?

SOLUCIONES

ELEMENTO INSPIRACIONAL

¿Qué te sugiere este elemento?

NAVAJA MULTIUSOS

Tienes todo lo que necesitas en un único objeto

Eficiencia suiza, todo está programado

Te sirve para muchas situaciones de tu vida

Puedes llevarlo contigo donde vayas

Tienes todo lo que necesitas en un único objeto

CONCEPTO 1: mini kit de emergencias para tu viaje. Todo lo que necesitas en una mochila y... ¡A viajar!

Puedes llevarlo contigo donde vayas

CONCEPTO 2: Una experiencia de viaje en la que no hace falta que lleves equipaje; nosotros te facilitamos lo que necesites allí donde vayas

Te sirve para muchas situaciones de tu vida

CONCEPTO 3: Libro de consejos con todo lo que necesitas saber sobre tu próximo destino

Tienes todo lo que necesitas en un único objeto

CONCEPTO 4: Nosotros te decimos qué cosas necesitas para tu viaje y todo lo demás será sorpresa hasta el mismo día en el que viajas

Puedes llevarlo contigo donde vayas

Eficiencia suiza, todo tiene un sentido

CONCEPTO 5: Aplicación móvil para la comunicación con locales

CONCEPTO 6: Multilocal, agenda organizada para conocer a locales de forma ordenada por distintos puntos de la ciudad

Fecha:

Proyecto:

What If

Etapa **Crear** > Fase **Construir** (Idear)

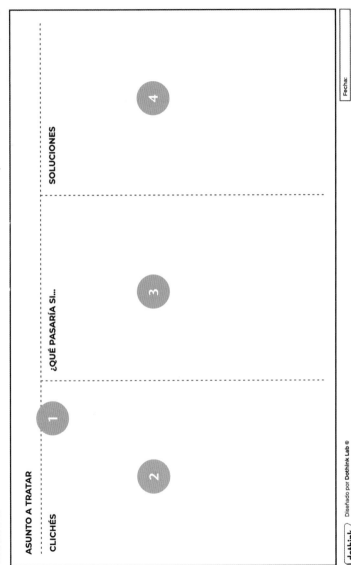

ASUNTO A TRATAR

CLICHÉS

¿QUÉ PASARÍA SI...

SOLUCIONES

1

2

3

4

Fecha:

Proyecto:

¿Qué es?

Herramienta de creatividad que nos ayuda a generar nuevos escenarios para encontrar ideas a partir de la negación del cliché o los tópicos de nuestro desafío.

Modo de uso

Empezaremos describiendo todos los clichés y tópicos que se nos ocurran del desafío. Una vez los tengamos, añadiremos la pregunta: «¿Qué pasaría si...?» con el objetivo de replantear el desafío y generar nuevas ideas.

Objetivo

Crear escenarios que nos permitan descubrir ideas todavía no planteadas. Esta técnica ayuda a no caer en las ideas evidentes que solemos hacer en un *brainstorming*.

Aplicación

1. Escoge el tema a tratar, ya sea tu desafío o un sector en el que quieras poner el foco.

2. Escribe todos los clichés o tópicos que se te ocurran.

3. Replantea este cliché con la pregunta: «¿Qué pasaría si...?»

   Por ejemplo: un cliché de una tienda de ropa es que la ropa va por tallas; planteamos la pregunta: ¿Y si la ropa no tuviera tallas?

4. Escribe soluciones que den respuesta a esas preguntas «¿Y si...?».

What If

¿Cómo será el baño del fututo?

CLICHÉS

En los baños siempre hay agua

Los baños son un espacio para relajarse o desconectar

Son lugares higiénicos donde limpiarse

¿QUÉ PASARÍA S[

...la gente fuera al baño para conectar y conocer a más gente?

Diseñado por **Dothink Lab** ©
www.dothinklab.com
Copyright © Pensadores de Ideas S.L. y/o afiliados. Todos los derechos reservados.

SOLUCIONES

... no existiera
el agua?

Bacterias que
se comen la
suciedad sin
necesidad de
utilizar agua
para limpiar

Creación de
espacios
individuales
interactivos que
permitan la
comunicación
entre ellos

... los baños no
se limpiarán?

Fecha:

Proyecto:

Etapa **Crear** > Fase **Construir** (Idear)

Selección de ideas

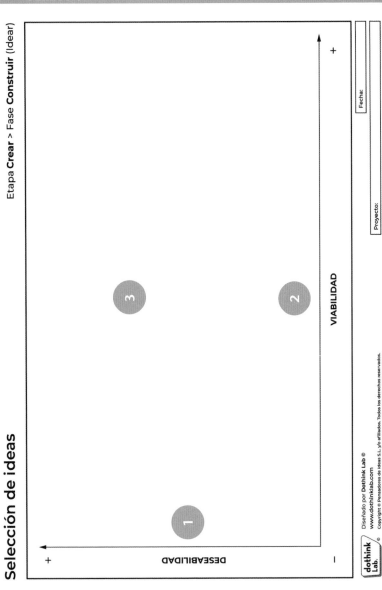

DESEABILIDAD

VIABILIDAD

+

+

−

1

2

3

Proyecto:

Fecha:

¿Qué es?

Una matriz en donde podremos visualizar todas nuestras ideas en base a los valores que más nos interesen del proyecto.

Modo de uso

Escoge dos valores que te ayuden a seleccionar y clasificar tus ideas. Cada valor se colocará en un eje.

Por ejemplo:

Eje A: deseabilidad por el usuario.

Eje B: viabilidad para el negocio.

Objetivo

Seleccionar las ideas con criterios relevantes para el objetivo del proyecto.

Aplicación

1. Pon el Valor A.

2. Pon el Valor B.

3. Posiciona las ideas respecto a estos valores

Selección de ideas

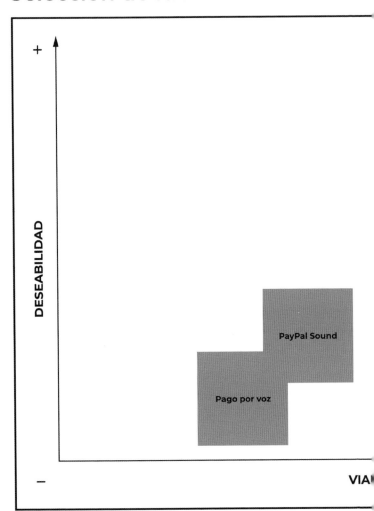

DESEABILIDAD

+

−

PayPal Sound

Pago por voz

VIA

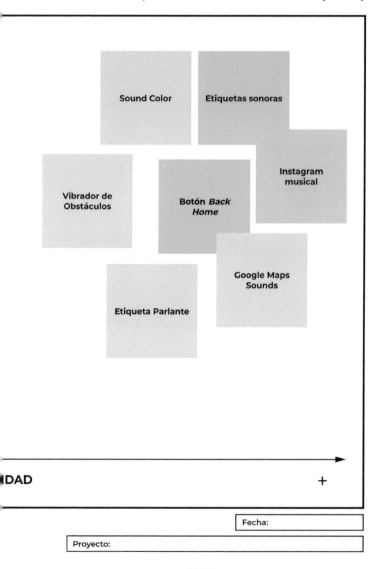

Sound Color

Etiquetas sonoras

Instagram musical

Vibrador de Obstáculos

Botón *Back Home*

Google Maps Sounds

Etiqueta Parlante

DAD

+

Fecha:

Proyecto:

Storyboard

Etapa **Crear** > Fase **Construir** (Técnicas)

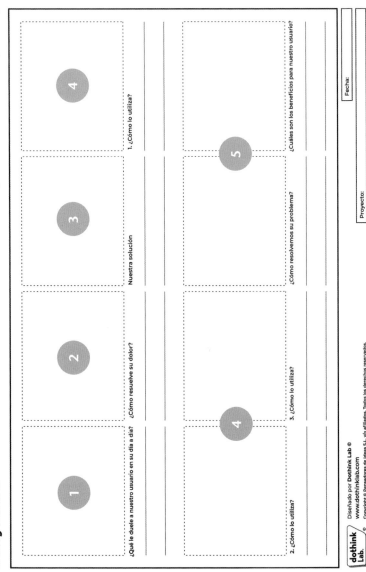

1

2

3

4

¿Qué le duele a nuestro usuario en su día a día?

¿Cómo resuelve su dolor?

Nuestra solución

1. ¿Cómo lo utiliza?

2. ¿Cómo lo utiliza?

4

5

3. ¿Cómo lo utiliza?

¿Cómo resolvemos su problema?

¿Cuáles son los beneficios para nuestro usuario?

Proyecto:

Fecha:

146

¿Qué es?

Herramienta que permite crear un guion de la solución para explicar a través de textos y dibujos cómo funciona la idea y qué valor tiene a través de una historia.

¿Cómo se hace?

¡Inspirémonos en los cómics!

Cada cuadrado tiene una escena y puede estar acompañado de un texto descriptivo. El hilo conductor de la historia facilitará la comprensión de nuestra idea de producto o servicio a un público que, de otra manera, no sería capaz de visualizar lo que nosotros tenemos en mente.

Objetivo

Narrar nuestra idea en forma de guion gráfico y analizar de qué manera influye en la vida de nuestro cliente.

Aplicación

1. ¿Cuál es su dolor actual?

2. ¿Cómo hace para resolver su dolor/problema?

3. ¿Cuál es tu solución? Dime en un tuit cuál es la propuesta de valor.

4. En estas casillas describimos cómo nuestro usuario utiliza nuestra solución.

5. Explica qué hemos hecho por él y qué beneficios ha obtenido.

Storyboard

¿Qué le duele a nuestro usuario en su día a día?

A la hora de comprar en comericios de barrio es difícil pagar con tarjeta ya que no tienen datáfonos

¿Cómo resuelve su dolor?

Llevando siempre dinero físico, cosa que no le gusta nada

2. ¿Cómo lo utiliza?

José escanea el código del frutero para pasarle el dinero

3. ¿Cómo lo utiliza?

Los dos validan que han recibido la factura y la transacción a travles del móvil

Nuestra solución

uQuo: tu dinero por el móvil

1. ¿Cómo lo utiliza?

José le pide lo que necesita a su frutero, este le enseña cuánto va a costar a través de su móvil

NO MONEY
NO WALLET
ONLY YOUR PHONE

Cómo resolvemos su problema?

José ya no tiene que llevar dinero efectivo para sus compras de barrio; solo necesita el móvil para gestionar todos sus pagos

¿Cuáles son los beneficios para nuestro usuario?

Sin dinero, sin cartera, solo con tu móvil

Fecha:

Proyecto:

Ficha de concepto

Etapa **Crear** > Fase **Construir** (Técnicas)

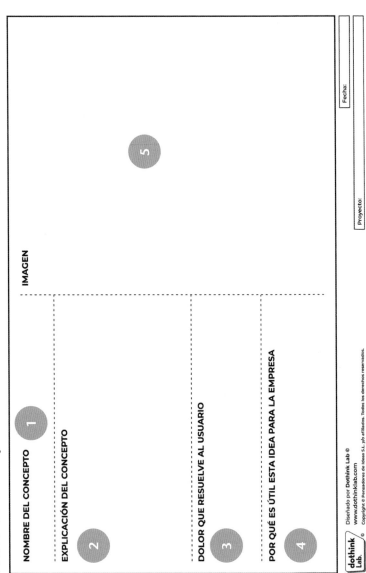

NOMBRE DEL CONCEPTO **1**

2 EXPLICACIÓN DEL CONCEPTO

IMAGEN

DOLOR QUE RESUELVE AL USUARIO

3

POR QUÉ ES ÚTIL ESTA IDEA PARA LA EMPRESA

4

5

Fecha:

Proyecto:

¿Qué es?

Para no quedarnos solamente en los pósits, la herramienta Ficha de concepto nos ayuda a profundizar más en la idea seleccionada para darle un poco a modo concepto.

¿Cómo se hace?

Escoge tu idea y vete dándole forma, pensando en un título sugerente, describiendo cómo funciona y más tarde profundizando en el porqué de la idea a nivel de usuario y de empresa.

Objetivo

Asentar un poco más las ideas del taller para hacerlas más tangibles en fases posteriores, como cocreaciones o entrevistas internas.

Aplicación

1. Escribe un título a modo de metáfora que solo leyéndolo ya nos guíe por dónde va a ir el concepto.

2. Describe tu solución y cómo el usuario interactúa con tu idea. Aquí es importante:

   a. No vender la idea.

   b. No adornar las ideas de forma mercadotécnica.

   c. Solamente exponer cuál es la idea, es decir, cuál es la propuesta de valor.

3. Describe cómo tu idea resuelve el dolor/problema que tenía tu usuario.

4. Explica por qué es útil tu idea para la empresa o el equipo del proyecto.

5. Pon una imagen que, acorde con el nombre del concepto, nos ayude visualmente a comunicar la idea.

Ficha de concepto

NOMBRE DEL CONCEPTO

BotRetail

- -

EXPLICACIÓN DEL CONCEPTO

BotRetail son pequeñas interacciones con la tienda, solo tienes que dejar el bluetooth abierto y rápidamente te conectarás para poder jugar con ellos.

Estos minis robots resuelven tus dudas ayudándote a localizar las ofertas, averiguar cuál es la última colección o identificar una prenda cuando les facilitas el código de barras.

- -

DOLOR QUE RESUELVE AL USUARIO

No encontrar lo que necesita y que no pueda contar con la ayuda de los dependientes porque están ocupados o no pueden atenderle.

- -

¿POR QUÉ ES ÚTIL ESTA IDEA PARA LA EMPRESA?

Además de agilizar la compra, nos ayuda a recoger métricas del usuario sobre conductas de compra.

IMAGEN

Fecha:

Proyecto:

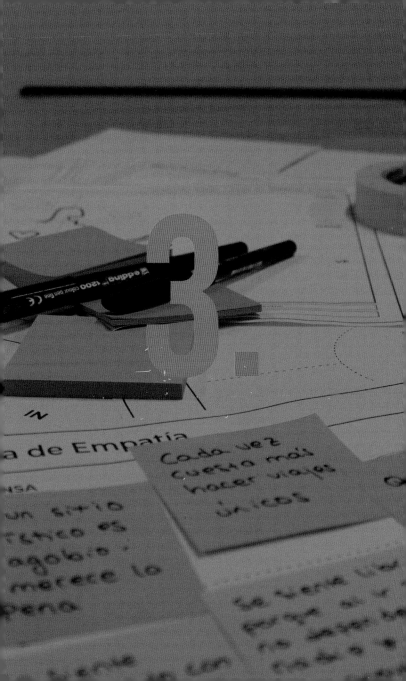

MÁS ALLÁ DEL TALLER

- Antes de la sesión.
- Al inicio de la sesión.
- Al final de la sesión.
- Después de la sesión.

CHECKLIST PARA LOS MOMENTOS CLAVE DE TU SESIÓN

Para conseguir una buena dinamización no solo debemos centrarnos en la parte del taller con el equipo, sino también en lo que ocurre antes y después. Para ayudarte en la gestión de la facilitación, más allá de las dinámicas que hemos expuesto (dinámicas para la detección de oportunidades o Dinámicas creativas) hay toda una serie de tareas a realizar, que hemos preparado a modo de *checklist,* que harán tu sesión más fluida si las sigues paso a paso.

Para visualizar estas tareas te proponemos los momentos clave que tienen lugar a lo largo de la ejecución del taller:

1. Antes de la sesión.

2. Al inicio de la sesión.

3. Al finalizar la sesión.

4. Después de la sesión.

Checklist

1. Antes de la sesión

☐ Reunión de información.

☐ Aclarar el propósito con el *sponsor:*

☐ Diseñar el taller.

☐ Diseñar la agenda.

☐ Validar el taller con el *sponsor.*

☐ Probar el espacio de trabajo.

☐ Envío del *prework.*

2. Al inicio de la sesión

☐ Explicación de la plataforma que va a utilizarse.

☐ Explicación de los objetivos.

☐ Explicación de la agenda.

☐ Reglas del juego.

3. Al finalizar la sesión

☐ Revisar lo trabajado.

☐ Concretar los siguientes pasos.

☐ Recoger el *feedback.*

4. Después de la sesión

☐ Diseño del entregable.

☐ Contar el entregable.

ANTES DE LA SESIÓN

Esta es la parte de la facilitación que no se ve y es de vital importancia; lo que definamos aquí será decisivo en el éxito del futuro taller. Definir bien esta parte hará que nuestra sesión sea mucho más fluida.

Estas son todas las microtareas que consideramos importantes para una ejecución ideal del taller:

1. Antes de la sesión

- Reunión de la información.
- Aclarar el propósito con el *sponsor.*
- Diseñar el taller.
- Diseñar la agenda.
- Validar el taller con el *sponsor.*
- Probar el espacio de trabajo.
- Envío del *prework.*

Reunión de información

Parece obvio, pero antes de definir nada, trata de recopilar toda la información relevante que te pueda dar el equipo sobre el tema (si tienen informes, si han hecho sesiones previas…). Esto nos permitirá prepararnos mejor antes de sentarnos con el dueño del proyecto (a partir de ahora *sponsor*).

Aclarar el propósito con el *sponsor*

Si el paso anterior era necesario para conocer mejor el contexto, aquí es prioritario cerrar bien el propósito y el objetivo que tiene el *sponsor* con el taller que vamos a facilitar. Este es el momento de formular toda una batería de preguntas, como si fuéramos periodistas, sobre todos los aspectos del proyecto, de modo que cuando salgamos de esa reunión tengamos bien claro dónde será la dinámica, cuándo tendrá lugar, cómo quiere hacerla, por qué quiere hacerla, quiénes serán los participantes, qué queremos de la sesión y de cuánto tiempo disponemos para la ejecución de la misma.

En resumidas cuentas, esta sesión nos tiene que ayudar a escoger los ingredientes necesarios; pero lo más importante es definir muy bien qué resultado espera el *sponsor* del taller, para gestionar las expectativas.

Diseñar el taller

Una vez recabada toda la información necesaria, es hora de seleccionar la dinámica más apropiada para obtener los resultados que espera el sponsor. Tenemos dinámicas para buscar oportunidades; o mejor dicho, para generar soluciones. Revisa la página 62 y selecciona la que más se ajuste.

Diseñar la agenda

Ya tienes seleccionada la dinámica y toda la información que te brindó el *sponsor:* participantes, espacio, tiempo, objetivos… Ahora, lo ideal es que diseñes la agenda, a modo de «escaleta», para concretar los tiempos y las herramientas que vas a utilizar.

Si eres principiante, la escaleta es como tu «chuleta» en el taller; en cambio, si ya tienes más experiencia, esta tarea te ayudará a organizar mejor la sesión en tu cabeza para improvisar y ajustar la sesión sobre la marcha.

Validar el taller con el *sponsor*

Antes de iniciar el taller es conveniente validar la agenda con el *sponsor.* Esto es muy útil, ya que, por un lado, le facilita la información necesaria para que conozca cómo se desarrollará el taller y, por otro, lo más importante, tú recibes su *feedback.*

Él conoce cuál es la «actitud» de los participantes y nos puede dar *feedback* muy valioso para ponernos sobre aviso acerca de qué podemos encontrarnos en la dinámica.

Recuerda, cuantas más cosas tengas controladas para el taller, mejor.

Probar el espacio de trabajo

Si la sesión es presencial, es conveniente comprobar con antelación si funciona el proyector, visitar previamente la sala de trabajo, asegurarse del buen estado del material que precisamos, pedir el mobiliario necesario…

En cambio, si la sesión es digital, asegúrate de que todos los participantes tengan acceso a las plataformas que vas a utilizar y que les funcionen correctamente. Aquí te recomendamos que hagas las pruebas previas con el *sponsor* o algún participante.

Envío del trabajo previo (*prework*)

Cuando enviamos la agenda a los participantes es conveniente que preparen un poco el trabajo antes de venir al taller; esto favorece su actitud proactiva, evitando una postura pasiva a la espera de «a ver qué pasa».

Por ejemplo: si vamos a plantear una sesión de definición de oportunidades podemos proponer a los asistentes la tarea de «piensa 8 problemáticas del reto…»; o si es una sesión de ideación, podemos trabajar previamente la tarea de «piensa en 8 ideas que se te ocurran respecto al desafío que vamos a trabajar».

El *prework* tiene como objetivo:

- Que la gente venga con buena predisposición al taller.

- Que acudan con trabajo hecho.

- Acelerar la sesión, de modo que tengamos más tiempo para reflexionar y debatir en profundidad.

Consejo a la hora de establecer un *prework:* trata de que sea una tarea sencilla, que no se vea como una carga y sea fácil de entregar (nada de power points ni correos electrónicos); lo ideal es plantear una encuesta en línea.

Este es el momento previo a ponernos a trabajar en la sesión. Se trata de la bienvenida a los participantes, donde explicaremos cómo vamos a trabajar, sobre qué formato y las pautas de trabajo que vamos a seguir para que todo fluya correctamente. Estas son todas las microtareas que consideramos importantes para una ejecución ideal del taller:

2. Al inicio de la sesión

- Explicación de la plataforma que va a emplearse.
- Explicación de los objetivos.
- Explicación de la agenda.
- Reglas del juego.

Explicación de la plataforma que va a emplearse

Esta tarea está más orientada hacia las sesiones digitales. Para evitar frustraciones es recomendable hacer una pequeña introducción sobre la plataforma que vamos a utilizar. Más allá de una simple explicación, puedes preparar un pequeño juego para que vayan familiarizándose con la plataforma escogida.

Explicación de los objetivos

Aunque puede que los hayas remarcado al comunicar la agenda a los participantes, no está de más volver a repasar los objetivos.

Esta intervención puede hacerla el facilitador, pero sería mejor que la expusiera el *sponsor* o algún responsable del proyecto. Esto no es un mero trámite; aquí lo que pretendemos es que los participantes pongan el foco sobre lo que queremos trabajar y lo que esperamos de ellos.

Explicación de la agenda

Repasa muy rápidamente la agenda de la sesión con el objetivo de hacerles ver que contamos con un plan bien trazado y, sobre todo, para que se dejen llevar y no se estén cuestionando el porqué de cada plantilla. En el caso de que sea una sesión larga, se notificará previamente cuándo tendrán lugar los descansos, asunto que suele preocupar a los que tienen las agendas más apretadas, ya que a veces necesitan hacer alguna llamada o enviar algún correo electrónico.

Reglas del juego

Como facilitador, una de tus misiones es la de ser el guía de la sesión. En ocasiones tendrás que ponerte autoritario, y a veces esto no sienta bien. Por ello, es importante que marques las normas al inicio de la sesión, de forma que si alguien las infringe puedas «regañarle» con motivos justificados y no se tome la corrección como algo personal.

Recomendamos no poner más de cuatro normas; piensa cuáles son las que más te van a ayudar a ti, sobre todo qué tipo de dinámica llevas entre manos. Respecto a la actitud de los participantes, será el *sponsor* quien deba ponerte sobre aviso antes del taller.

Os ponemos como ejemplo unas cuantas reglas que usamos en la agencia. Selecciona la que te venga mejor o, si lo prefieres, crea tus propias reglas:

Regla 1. «De uno en uno»

Si hablamos a la vez nos perdemos cosas.

Es importante que hable uno cada vez, porque si no se forman minicorrillos donde puede que se estén diciendo cosas interesantes, pero que solo las está escuchando una parte del equipo. Por ello, trata de dejar claro que se hable de uno en uno y se respeten los turnos. ¡Interrumpir no ayuda!

Regla 2. «Exprésate por medio de frases, no con palabras sueltas»

Comunica con frases cortas lo que quieres explicar; con solo una palabra es fácil malinterpretar lo que pretendes expresar.

Cuando estamos planteando nuestras ideas o queremos verbalizar algo, tendemos a ser escuetos porque así somos más rápidos. Lo malo es que si empleas palabras sueltas nadie entenderá nada, solo tú. Acostúmbrate a que todo lo que escribas responda a una frase. Sujeto, verbo… emplea bien el lenguaje.

Regla 3. «Piensa con la mano»

Las palabras se las lleva el viento, si no escribes lo que dices, se perderá.

Esta es una máxima clave; todo lo que no escribas no existe. Por ello, en estas sesiones, que son casi explosivas, aprende a pensar con la mano, escribe todo lo que se te ocurra; luego ya habrá tiempo de descartar u ordenar los pensamientos. Pero como no lo escribas, te aseguramos que no te acordarás.

Regla 4. «No digas frases matadoras»

Frases como: «Eso es una tontería», «Ya lo hemos hecho», «Es muy caro»... bloquean la creatividad. Estas frases son veneno y muchas veces no están dichas con mala intención, sino que nos salen de forma natural. Intenta, y tú el primero, que en momentos de divergencia, de creatividad, donde la gente está aportando, no los frenes en seco, ya que este tipo de frases hacen que el equipo quede neutralizado y luego cueste más volver a poner la mente en modo divergente.

Regla 5. «Sí, y además»

Inspírate y construye con las ideas de los demás. Recuerda, «uno para todos y todos para uno».

Trata de construir sobre lo que dicen tus compañeros, no rompas en seco, deja que fluyan las ideas; lo mejor es realizar aportaciones sobre los demás, como si de un concierto de jazz se tratara.

No hay mayor poder creativo que un buen equipo en sintonía.

Regla 6. «No te enamores de tu idea»

Construye con tu equipo para avanzar, no seas un peso.

El mayor peligro de una ideación no es quedarte en blanco, sino que te aferres a tu idea y frenes la creatividad del equipo. Recuerda que en la fase de generación de ideas necesitamos cantidad; saca tu idea y trata de crear diez más.

Con todas estas reglas ya estamos listos para realizar una buena dinámica; recuerda que cuantas más cosas tengas controladas antes de proceder a la dinamización, mayor control tendrás sobre lo que ocurra en la misma.

Dame buenos principios y mejores finales.

Es importante hacer un buen cierre del taller; ver qué trabajo hemos realizado como equipo, revisar aprendizajes, comprobar si hemos alcanzado el objetivo… Queremos hacerles ver y sentir que han trabajado y agradecerles el esfuerzo.

Las tareas que proponemos son:

3. Al finalizar la sesión

- Revisar lo trabajado.
- Concretar los siguientes pasos.
- Recoger el *feedback*

Revisar lo trabajado

Antes del cierre haz un breve repaso de todo lo que has trabajado con el resto de los participantes. Tal y como marcaste en la agenda, haz un recorrido por lo que habéis hecho. Este recorrido te permitirá comprobar si llegasteis o no al objetivo y por qué. También te ayudará a resumir mejor los aprendizajes.

Concretar los siguientes pasos

Queremos hacerles ver a los participantes que llegar al final del taller no es el final definitivo; que siempre hay un después, que el taller concluido no es una sesión aislada.

Sea cual sea el siguiente paso, concreta qué va a pasar después del taller. Los participantes lo valorarán y se sentirán útiles.

Recoger el *feedback*

Aunque parezca un poco egoísta, si dispones de tiempo, pide *feedback* sobre la dinámica realizada al finalizar el taller.

- Qué cosas les gustaron.

- Qué aprendizaje del taller se llevan.

- Qué cosas se podrían mejorar.

Este *feedback* es valiosísimo porque te da una información muy útil para ti como facilitador, ya que te permite ir mejorando dinámica tras dinámica. Por otro lado, a los asistentes les encanta dar su opinión y sentirse escuchados.

DESPUÉS DE LA SESIÓN

Pasado el taller, es recomendable entregarle alguna documentación sobre el trabajo realizado a los participantes y, cómo no, al *sponsor*. A esta documentación la llamamos «el entregable». Será la guinda del pastel.

Una dinámica es algo etéreo, algo experiencial, tal y como les pasa a las *performance*. La pregunta que surge es: ¿Cómo puedo documentar lo que hemos vivido?

La siguiente tarea que proponemos es:

4. Después de la sesión

■ Diseño del entregable.

■ Contar el entregable.

Diseño del entregable

Que todas las dinámicas propuestas vayan asociadas a unas plantillas tiene por objeto dinamizar la información, ordenarla en tu cabeza y ayudarte a documentar mejor la sesión.

Te proponemos una estructura ideal para entregar un documento de valor al finalizar el taller:

1. Objetivo del taller.

2. Plantillas trabajadas.

3. Conclusiones más significativas.

4. Establecer los siguientes pasos.

Aunque parezca tedioso, como facilitador, el documentar las sesiones te ayuda a repensar, en frío, qué pasó en el taller. Cuantas más dinámicas documentes mayor agilidad tendrás después para montar las sesiones. Y lo más importante, puedes entregar algo tangible y de valor al sponsor y a los asistentes.

Contar el entregable

En la medida de lo posible, es importante que, al concluir el taller y enviar el entregable, tengas una reunión con el sponsor o con los responsables del proyecto para «explicarles el documento». Muchas veces el entregable puede quedar un poco largo, o incluso críptico, con tantas plantillas; lo ideal sería emplear no más de 10-15 minutos para explicarles cómo está estructurado el documento y que luego puedan leerlo con calma.

LOS CONSEJOS

Te proponemos una serie de consejos y aprendizajes sobre el arte de facilitar, basados en nuestra experiencia tras muchos talleres realizados; aprendizajes que hemos ido recogiendo y que nos han ayudado muchísimo en posteriores sesiones de trabajo. Como buenos consejos, de ti depende aprovecharlos:

- APORTA O MUERE
- NO TE ENAMORES
- TOLERA LA INCERTIDUMBRE
- CUIDADO CON EL EXPERTO
- «¿ABRES O CIERRAS?»
- NO TODOS VALEMOS PARA TODO
- SACA LA BASURA
- TÚ NO SABES NADA
- TU IDEA NO VALE NADA, PERO TÚ ERES UNA BUENA PERSONA
- LAS PALABRAS SE LAS LLEVA EL VIENTO
- TU MEJOR MAESTRO ES EL ERROR
- CADA COSA A SU DEBIDO TIEMPO
- EL CÓCTEL PERFECTO: ACTITUD Y PRÁCTICA
- TODO EJERCICIO PRECISA DE UN CALENTAMIENTO
- RETANDO AL PROBLEMA, DESAFIANDO A LA SOLUCIÓN
- PREWORK. TODOS EN LA MISMA PÁGINA
- EL DESCANSO. UN INTEGRANTE MÁS EN LA SESIÓN

APORTA O MUERE

La colaboración entre equipos en busca de soluciones que aporten valor dentro de las compañías ya es algo normalizado.

En estas situaciones es muy importante dejar que las conversaciones fluyan, que los participantes se sientan cómodos y que haya un buen ambiente donde reine la sintonía.

Utiliza la kryptonita contra los *haters:* «Sí y además…», para que las ideas no se corten en seco. Haz que los asistentes aporten nuevos matices, construyendo sobre lo ya expuesto entre los compañeros.

NO TE ENAMORES

Quedarse en blanco cuando se necesita generar ideas da miedo, pero esto es un obstáculo mucho menor que estar ciego de amor hacia una sola idea.

En las ideaciones se busca la cantidad, sacar el máximo número de ideas posibles a los asistentes. Por ello, aquellas personas que se aferran a una sola idea son un peligro.

¡Atento a estos *haters* enamoradizos!; pondrán el freno de mano al equipo evitando su avance. Hazles ver que la vida continúa, que necesitan seguir aportando para poder seguir construyendo y no quedarse estancados.

TOLERA LA INCERTIDUMBRE

El salto entre etapas es algo que suele generar problemas en la gente. Nos acostumbramos a un tipo de pensamiento y, cuando tenemos que cambiarlo, nos cuesta mucho.

Para no crear confusión, es muy importante saber reflejar de manera visual en qué punto del proceso nos encontramos, mostrando sus virtudes y características.

Así que, no te conviertas en un *hater* y sé tolerante con los asistentes; todos nos perdemos de vez en cuando. Sé su guía en los momentos de incertidumbre, cuando estamos ante etapas de convergencia y divergencia.

CUIDADO CON EL EXPERTO

En las sesiones de creatividad, donde estamos explorando nuevas ideas, posibilidades, caminos no recorridos… solemos caer en el error de creer que el que más sabe del problema va a ser el que mayor número de «soluciones diferenciales» nos va a dar.

ERROR. El experto ya tiene las soluciones de serie en la cabeza porque sabe mucho, demasiado diríamos, y cuando al experto lo metes en una sesión de divergencia puede que no te sea tan revelador como esperabas.

¿Dónde ubicar al experto en un proceso creativo? Lo ideal es situarlo en la detección de problemas y en las sesiones de evaluación de ideas, para así exprimir el potencial de estos perfiles en las dinámicas de trabajo.

Recuerda, si ya hay soluciones sobre un tema y estáis estancados sería recomendable probar con personas que no sepan nada del problema o de otros campos de tu problemática para tratar de pensar más allá de una solución evidente.

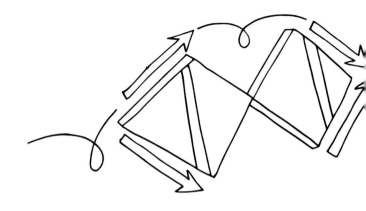

¿ABRES O CIERRAS?

Pase lo que pase en una sesión, tú y tu equipo debéis tener claro en qué momento mental estáis en el taller. ¿Y esto qué quiere decir?

Pregunta que debe surgir cada poco tiempo y que tienes que plantear a la audiencia para ver dónde se encuentran. ¿Estamos en divergencia o convergencia? Muchas sesiones son frustrantes solamente por este simple hecho; puede que no todos en el taller estemos en la misma fase.

Por ejemplo: si estás buscando posibilidades estamos en divergencia, pero puede que alguno tenga la actitud contraria y esté convergiendo (es decir, esté cerrando); es aquí cuando se empieza a atascar la facilitación.

Esto es muy binario en una facilitación, no te compliques... ¿abrimos o cerramos el foco?, ¿queremos explorar o queremos concretar?, ¿estamos en divergencia o convergencia? Plantea estas preguntas a tu audiencia para desatascar la situación.

NO TODOS VALEMOS PARA TODO

Suena mal decir esto. Lo sabemos. Si algo hemos aprendido en diversos proyectos y en innumerables facilitaciones es que las personas entendemos la creatividad de distintas formas.

Esto quiere decir que cada uno tenemos nuestra manera de resolver problemas, vamos... que creativamente hablando no todos somos iguales. Y menos mal. Algunos son muy buenos generando, otros en cambio conceptualizando, y hay quienes se sienten más a gusto implementando.

Tu misión como buen facilitador es saber seleccionar o entender qué perfiles tienes en la sesión, ya que esto te ayudará mucho a entender el comportamiento de los participantes y a explicarles el porqué de sus bloqueos en según qué situaciones.

SACA LA BASURA

Tu labor como facilitador en las sesiones de ideación es que los participantes piensen más allá de lo que tenían en mente. Para ello te sirves de técnicas y herramientas que expriman su creatividad (por ejemplo, las técnicas de hibridación).

ERROR. Si no sacas sus ideas preconcebidas lo único que conseguirás es que, conforme vayas presentando técnicas, los participantes recurran a la idea que ya tenían preestablecida en su cabeza y la vayan arrastrando durante todo el taller. Será entonces cuando comiencen a decir «para las ideas que han salido no hacía falta un taller».

Por eso es tan importante sacar la basura antes de pedirle a la gente que piense fuera de la caja. No decimos que su primera idea sea mala; lo que queremos es que olviden esa primera idea, si no habremos fracasado como facilitadores.

CONSEJO: antes que nada haz una pequeña purga para sacar esas ideas que ya tenían en mente; cuando estén en blanco es tu momento, ataca con técnicas para ayudarles a pensar en ideas más allá de lo que tenían preestablecido.

TÚ NO SABES NADA

¿Piensas que para facilitar necesitas tener conocimiento sobre el tema a tratar? Esta es una de las grandes preguntas que se hace un facilitador cuando está dinamizando una sesión.

Respuesta: ni sí, ni no; no importa si tienes alguna noción sobre el tema a tratar ¡porque tú no eres un participante!

La labor de un facilitador no es aportar conocimiento al grupo (si lo tiene genial). Las labores más importantes son la de gestionar personas, los egos de cada uno, los tiempos, dar y quitar la palabra sin imponer, conseguir verbalizar entre todos qué tiene el equipo en mente… Lo último que nos importa del facilitador es que sepa sobre el tema que vamos a trabajar.

Cuanto más conocimiento del tema tenga el facilitador más riesgo corremos de que este lleve la sesión hacia lo que él conoce, y ahí es cuando se convierte en participante y la sesión se viene abajo, porque ya no hay un elemento conciliador en el equipo.

CONSEJO: agárrate al proceso, no al conocimiento. Son los participantes los que darán con la solución; por eso «mantén las distancias» y ayúdales a tangibilizar lo que tienen en la cabeza, no a crear con ellos.

TU IDEA NO VALE NADA, PERO TÚ ERES UNA BUENA PERSONA

Como facilitador debes ser implacable con las ideas, pero suave con las personas. Tu misión es ayudar al grupo a sacar lo mejor, pero ¿qué pasa cuando algún participante se siente ofendido porque no se ha seleccionado su idea o alguna aportación suya ha sido desechada por el grupo?

Pues que ha nacido el *hater* del taller.

Esto va a pasar, y mucho, cuando desempeñes tu labor como facilitador.

Obviamente debes ser amable con la gente que participa, ser comprensivo, pero no caigas en el buenrollismo de que todo vale; no, ni mucho menos. Las personas que son maduras no se ofenden, porque entienden que no se trata de un ataque personal; se está hablando del proyecto, no de la persona… pero, como comprenderás, no todo el mundo lo afronta de la misma manera.

CONSEJO: antes de empezar deja claro, y de forma explícita, que en el taller solamente se va a juzgar el contenido, no a las personas. El único juez de las ideas es el objetivo* del proyecto.

*Recuerda que es fundamental tener bien definido desde el principio el foco que queremos darle al taller.

LAS PALABRAS SE LAS LLEVA EL VIENTO

¿Alguna vez te ha pasado que has dicho algo y al segundo se te ha olvidado? Nuestra mente es capaz de procesar mucha información en poco tiempo, pero por lo general, nos cuesta mucho retenerla. Esto se acentúa aún más cuando estamos en medio de una sesión en la que se están generando ideas de manera constante.

Como facilitador has de asegurarte de que estas ideas no se queden en el aire. Todo lo que no escribas, todas aquellas ideas que no se queden recogidas de alguna manera, NO EXISTEN. Es como si no se hubiesen mencionado.

Por ello, durante las sesiones debemos aprender a pensar con la mano. ¿Qué quiere decir esto? Empodera a los participantes para que escriban todo lo que se les ocurra dejando a un lado los juicios, ya habrá tiempo luego para descartar u ordenar los pensamientos. Primero han de pensar, luego han de escribir, y por último, han de compartir. De esta manera nos aseguramos de que ninguna de las ideas se quede por el camino. Todas ellas quedan plasmadas y recogidas de modo que podamos recurrir a ellas en cualquier momento.

Recuerda: no queremos que nuestro trabajo se lo lleve el viento. Asegura tus ideas por medio de la escritura; esta será tu mejor aliado. Para recordar, primero has de plasmar.

TU MEJOR MAESTRO ES EL ERROR

Dentro del proceso de la innovación y el desarrollo de grandes ideas, el fallo está implícito. Antes de encontrar una idea que funcione, hemos tenido que probar y descartar otras muchas previas.

Parece que desde pequeños nos han enseñado que fallar o equivocarse es malo; pero en realidad es una de las fuentes de aprendizaje más grandes que tenemos. Fallar es la manera más barata y profunda de aprender, pero para ello, primero has de quitarte el miedo a hacerlo.

Debemos ser conscientes de que el fallo es común en todo ser humano. Y es que, en entornos de incertidumbre como los que estamos viviendo hoy en día, obtener una lección del fallo es la manera más ágil que tenemos de ampliar nuestro conocimiento.

Cuando falles o cometas un error no has de desmotivarte, no tires la toalla. Dedica un tiempo a analizar a qué se debe y qué te ha llevado hasta allí. Esto te ayudará a comprender dónde has de mejorar y cómo hacerlo.

Como facilitador debes explicarle a los equipos que durante el proceso se encontrarán con piedras en el camino y cometerán errores. Hazles saber que si se caen han de levantarse y analizar el porqué, para averiguar cómo seguir adelante con el proceso. Debemos entender nuestros fallos como oportunidades, no como derrotas.

CADA COSA A SU DEBIDO TIEMPO

Cuando estamos ante momentos de divergencia hay que primar la cantidad de ideas a la calidad. Recuerda que se trata de un punto de la sesión en el que buscamos que las ideas fluyan y que las personas no estén cohibidas, que se expresen sin miedo. Tenemos que potenciar el pensamiento libre y exploratorio de los participantes.

Como personas, inconscientemente tendemos a mostrar nuestra opinión pero, como facilitadores, es nuestro deber recordar que hay un momento reservado para ello y se ha de hacer de cierta manera. No es tiempo de juzgar, sino de aportar.

Has de enfatizar desde el principio lo importante que es dejar que las ideas surjan libremente. ¿A qué nos referimos con esto? Pues que se debe evitar frenar en seco los momentos de creatividad con frases como: «Eso es una tontería», «Ya lo hemos hecho», «Es muy caro», «Eso es imposible»… Frases matadoras como estas paralizan la sesión.

Al decirlas, los participantes quedan neutralizados por miedo a mostrar su opinión. El ritmo creativo que habían adquirido se frena. Las ideas ya no surgen de la misma manera y va a costar mucho volver al modo divergente.

Por ello, deja claro desde el inicio que todos estamos en el mismo barco, que hay momentos para pensar donde no hay que juzgar, y otros reservados para analizar y descartar. Pero sobre todo, que si se opina, se ha de hacer desde el respeto, evitando recurrir a frases matadoras. Se trata de aportar, no de restar.

EL CÓCTEL PERFECTO: ACTITUD Y PRÁCTICA

La creatividad es algo que nace de manera innata en nosotros. Cuando somos pequeños la estamos desarrollando continuamente, pero al alcanzar cierta edad empezamos a decir frases como: «No soy creativo» o «No tengo buenas ideas». ¿Qué ha pasado durante este tiempo?

¡Hemos cambiado la actitud! La creatividad es algo que hay que entrenar y cultivar. Es cuestión de práctica, y para ello nos tenemos que atrever a generar ideas sin miedo, a probar, a testear o a fallar; y nada mejor que empoderarnos a nosotros mismos con una actitud que nos permita pensar que somos capaces de hacerlo.

Cuando nos enfrentamos a una sesión, tenemos que recordar a los participantes que parte de la solución está en esta actitud. Al actuar como una persona que tiene buenas ideas, sus mentes estarán más predispuestas. Según vayan entrando en materia, se verán más sueltos y comenzarán a potenciar su creatividad. Las ideas comenzarán a fluir.

TODO EJERCICIO PRECISA DE UN CALENTAMIENTO

Seguro que has estado en alguna sesión en la que al comenzar, los participantes se han ido presentando uno a uno. ¿Qué ocurre con esto? Que la mayoría de los asistentes no escuchan a los otros porque están nerviosos o atentos a otras cosas. Muchas personas se sienten incómodas en ambientes con gente desconocida. Por ello, como facilitadores, debemos asegurar desde el principio una dinámica que capte la atención de los asistentes, en la que se sientan cómodos y se vean motivados para participar.

¿Cómo? Mediante *icebreakers* o rompehielos. Se trata de ejercicios cortos, de unos 15 minutos de duración, con los que podrás introducirte en la materia a tratar y los participantes tendrán la oportunidad de conocerse. Los puedes hacer al comienzo a modo de calentamiento, o en mitad de la sesión, para volver a conectar con ellos.

Si quieres aumentar la energía del grupo, fomentar la participación activa y explorar ideas desde el inicio, utiliza los *icebreakers* durante tus sesiones. ¡Recuerda! Deberás adaptar estos ejercicios a tu sesión para poner el foco y guiar a los participantes. No tienes excusa; los podrás hacer de manera virtual o de forma presencial.

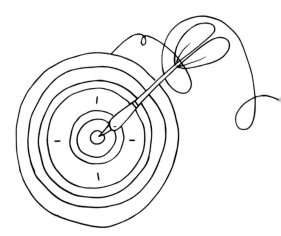

RETANDO AL PROBLEMA, DESAFIANDO A LA SOLUCIÓN

¿Alguna vez habéis finalizado una ideación y os habéis dado cuenta de que las soluciones generadas no aportan valor al usuario? ¿Qué ha pasado? Lo que ha ocurrido es que hemos desarrollado la sesión en base a un reto inicial y no hemos puesto el foco.

Estos retos suelen ser problemas genéricos y complejos que nos ayudan a iniciar el proceso, pero que, tras analizar e investigar, tras pasar por la primera fase de convergencia y divergencia, debemos dejar atrás para reformularlos y convertirlos en Desafíos de diseño.

Como facilitadores debemos conseguir definir el foco, concretar un objetivo que nos ayude a crear Desafíos de diseño válidos. Estos nos servirán de guía durante todo el proceso y nos ayudarán a generar soluciones que aporten valor al usuario.

Por tanto, al enfrentarnos a un problema, debemos dar un paso atrás para analizar, investigar y localizar. De esta manera, generar soluciones que aporten valor al usuario no dependerá solo de la creatividad, sino de poner el foco en el reto a través del Desafío de diseño.

PREWORK. TODOS EN LA MISMA PÁGINA

Cuando nos enfrentamos a dinamizar sesiones con equipos, muchas veces es necesario establecer un trabajo previo que nos ayude a realizar una reflexión inicial para impulsar el avance de la sesión. Como facilitadores, debemos tener claro qué es lo que necesitamos obtener de la sesión, para poder así definir el *prework* conforme a esto.

Este ejercicio ha de estar siempre alineado con los objetivos y metas marcados, de modo que el contenido recabado nos sirva para establecer unos cimientos fuertes, unas bases sobre las que construir nuestra sesión de trabajo. Recordemos que es una forma de poner en contexto a todos los participantes y alinearlos. Así sabrán los temas a tratar y habrán hecho una pequeña inmersión en ellos, lo que facilitará el desarrollo de la reunión.

Así que si quieres mantener un foco claro, maximizar el tiempo de trabajo y refrescar la memoria de todos los participantes haciéndoles un pequeño *status* para empezar en la misma línea, ¡haz uso del *prework*!

EL DESCANSO. UN INTEGRANTE MÁS EN LA SESIÓN

¿Alguna vez has notado cómo, según avanzaba la sesión, los participantes iban estando menos presentes, menos participativos? Esto se debe a que, como seres humanos, nuestra energía y capacidad de concentración va menguando con el paso del tiempo.

Necesitamos hacer una pequeña pausa, parar y reponer energías. Por ello, los descansos son algo que debemos tener en cuenta a la hora de realizar sesiones de más de 90 minutos de duración, para mantener a los participantes enganchados. Estos suelen tener agendas ocupadas y otros temas en la cabeza, y aunque estén interesados e implicados en la sesión/temática tratada, también necesitan hacer pequeñas pausas para abordar esos otros asuntos y poder así seguir aportando en la sesión. Por lo tanto, como facilitador has de tener en cuenta estos tiempos de descanso a la hora de diseñar tu sesión. 10-15 minutos son suficientes para que los participantes vayan al baño, tomen agua, estiren las piernas, envíen correos electrónicos o hagan las llamadas oportunas.

EPÍLOGO

Los facilitadores de equipos hasta hace poco éramos esos *compañeros extraños* que iban con una caja de pósits, rotuladores, folios, cinta adhesiva, una pelota y algunos artículos más. Cuando las personas entraban en una reunión facilitada, generalmente se mostraban escépticas, pero al finalizar te dabas cuenta de que la sesión había sido productiva y que todos salían satisfechos: habían llegado a acuerdos y soluciones y… ¡encima se habían divertido! ¿Cuál era el secreto?

Afortunadamente poco a poco las compañías se van dando cuenta del valor de estos perfiles y cada vez usan más sus servicios internamente, no solo para proyectos complejos, sino también para reuniones de equipo más puntuales o concretas. Y por ello, cada vez más personas necesitan de una guía para formarse en las habilidades, a veces un poco abstractas, de facilitación. Este *actionbook* es una ayuda perfecta.

¿Y ahora qué? Aquellos que llevamos años en el mundo de la facilitación de equipos sabemos que facilitar no es nada fácil. Una guía ayuda mucho, sobre todo a estructurar la reunión y a poder organizarla lo mejor posible, pero sobre todo requiere de práctica y de un trabajo previo que mucha gente no ve, pero que es igual o más importante que el momento de la facilitación en sí. *El actionbook de Designpedia* está aquí para ayudarte en todo ello.

Cada facilitación es distinta. Cuentan el contexto, los perfiles de los participantes, sus dinámicas previas, el lugar físico donde se realiza, tantas cosas… incluso la hora del día, si llueve fuera o si llegan con hambre o sed a la reunión. En cada sesión aprendes, y esos aprendizajes suman para tu siguiente vez. Cada sesión requiere de una sensibilidad que vas ganando con la experiencia y que te permite entender si es necesario introducir algún elemento nuevo durante la sesión, entender al momento si necesitas energizar más a ciertos perfiles o incluso ser más duro con ellos.

En definitiva, se trata de poner en funcionamiento esa brújula interior que vamos construyendo los facilitadores y que nos permite contribuir a que el resultado de la sesión sea el mejor posible. Y esa brújula interior funciona mejor cuanto mejor has preparado la sesión, ya que eliminas preocupaciones y se puede dedicar a ayudarte a gestionar mejor las dinámicas de las sesiones. Y este actionbook que tienes entre manos también es perfecto para ello.

Úsalo, píntalo, dóblalo, compártelo. Verás como el camino de la facilitación se te hace más fácil.

Así que ahora toca practicar, practicar y practicar. Seguro que disfrutas el camino.

David Calabaza
Innovation Manager en BNP Paribas

AUTORES

 **Juan Gasca** es fundador y director general de Thinkers Co. Es un catalizador de la innovación ampliamente formado en el mundo del diseño, el emprendimiento y los negocios. Su experiencia como consultor estratégico le confieren la capacidad de replantear el statu quo en encontrar nuevas vías de acción. Con gran saber en *design thinking, lean* y *business design,* es formador y mentor en diversas escuelas de negocios e instituciones de primer nivel.

 **Rafael Zaragozá** es cofundador y director creativo de Thinkers Co. Pensador utópico. Formado como diseñador industrial, su verdadera pasión está en el conocimiento de la persona y la hibridación de conceptos. Su capacidad para la ejecución de prototipado rápido se enfoca al temprano testeo con el usuario con el objeto de alcanzar una innovación real.